LES

APHRODITES

OU

FRAGMENS

THALI-PRIAPIQUES.

LES APHRODITES

OU

FRAGMENS THALI-PRIAPIQUES,

POUR

SERVIR A L'HISTOIRE DU PLAISIR.

... Priape, soutiens mon haleine...

PIRON, *Od.*

Nº. VII.

A LAMPSAQUE.

1793.

FRAGMENS.

LES APHRODITES.

CROYEZ-VOUS A LA MAGIE?

PREMIER FRAGMENT.

Il a fallu quelques jours pour combiner la myſtification que Mad. Durut méditait de faire au Baronnet ſon penſionnaire ; à cet homme ſingulier qui vit, dans l'hoſpice, en adoration devant une momie. Durut s'eſt aſſurée que la Zéphiriné qui a planté là cette dupe, (pour être à ſon tour dupée & délaiſ-ſée) eſt la même ſur laquelle elle avait des ſoupçons : tandis que, d'un côté, Durut met-tait adroitement les fers au feu pour ſavoir ſi l'aventuriere ſerait bien aiſe de retrouver ſon Anglais ; d'un autre côté, la petite Com-teſſe de Mottenfeu, (ne fût-ce que pour finir par rire aux dépens d'un ſot,) a conçu le pro-jet de ſe lier avec lui, & de l'étonner par des choſes fort extraordinaires en attendant qu'il s'agiſſe peut-être d'opérer ce que cet homme ne pourrait manquer de prendre pour

7.   A

un prodige. — On a infenfiblement excité
la curiofité de Sir Henri en faveur de fa voifine : on a fait fur celle-ci des comptes à
dormir debout ; il a fouhaité de voir cette
femme merveilleufe. —Tout s'eft paffé la premiere fois entr'eux fort uniment : la feconde
fois, ça été, entre ces voifins, quelque chofe
de plus vif, mais fans l'ombre de galanterie,
parce que le préoccupé Baronnet avait eu l'air
d'être à mille lieues de tout cela : c'eft leur
troifieme entrevue que va développer l'entretien fuivant.

Dans le jardin du clos des Penfionnaires.

LA COMTESSE DE MOTTENFEU, SIR HENRI.

SIR HENRI (*a*), *fe promenant.*
Je ne cefferai de vous le répéter, Mad. la
Comteffe, votre voifinage, l'honneur d'avoir

(*a*) SIR HENRI: 33 ans : Grand, mince, ef-
flanqué, maigre, brun - mélancolique. Affez de nobleffe dans les traits & le maintien. Phyfionomie
qui a pris le caractere de la triftesse. Moyens phyfi-
ques très médiocres : quelque imagination & de l'opi-
niâtreté. Léger accent anglais, quoique parlant très
bien notre langue.

fait connaiffance avec vous, était, dans ma position défefpérée, tout ce qui pouvait m'arriver de plus heureux.

LA COMTESSE.

Que voulez-vous dire avec votre *position défefpérée!* Vous êtes encore jeune, paffablement tourné, affez aimable, & vous vous croyez au défefpoir?

SIR HENRI, *foupirant.*

Ah! ma chere voifine! quand on a perdu...

LA COMTESSE *interrompant.*

Eh bien: on retrouve ce qu'on a perdu: ou bien, l'on prend quelque chofe ailleurs.

SIR HENRI, *avec douleur.*

Retrouver! (*il foupire*) Quand la mort...

LA COMTESSE, *d'un ton impofant.*

Paix! je fais toute votre aventure: j'ai confulté mes livres...

SIR HENRI.

Que voulez-vous dire?

LA COMTESSE, *avec gravité & l'obfervant.*

Etes-vous homme à garder un important fecret?

SIR HENRI.

En douter, ce ferait me faire injure.

LA COMTESSE *enchériffant encore.*

Songez que fi je vous le confie, & qu'il vous arrive de le trahir..., vous vous perdez d'abord... mais qu'enfuite...—vous me faites à moi-même beaucoup de mal.

A 2

SIR HENRI.

Eh bien, n'y eût-il que cette considération sacrée pour un galant-homme...

LA COMTESSE.

Ecoutez-moi. — (*De l'air le plus mystérieux.*) Il est impossible que vous n'ayiez entendu parler du fameux Comte de St Germain...

SIR HENRI.

Du Ministre ?

LA COMTESSE.

Eh non : a-t-il été *fameux* ? depuis lui, combien de ministres *fameux*, si, pour l'être, il ne fallait qu'avoir fait des sottises (*a*) !
— Je vous parle du vraiment illustre, de l'Adepte ?

SIR HENRI.

J'ai bien oui parler de ce personnage : mais j'avoue de ne l'avoir jamais jugé que comme un adroit charlatan...

LA COMTESSE, *avec sévérité.*

Monsieur ! songez devant qui vous parlez de cet homme célebre.

_____

(*a*) La petite Comtesse était ainsi brouillée avec le renom de l'illustre *réformateur*, parce que, *pour la plus grande gloire du royaume*, il avait fait, en supprimant la maison du Roi, le malheur d'une cinquantaine d'individus que cette Dame avait alors sur sa liste favorite ; mais un Grand-homme n'y regarde pas de si près, quand il est *sûr de faire le bien.*

SIR HENRI.

Aurait-il eu l'honneur de vous intéresser?

LA COMTESSE.

Il était mon arriere petit-fils. (*a*)

SIR HENRI, *stupéfait.*

Votre arriere petit-fils, Madame! Un homme qui, lorsqu'il mourut, il y a déjà long-tems, était, dit-on, septuagénaire!

LA COMTESSE, *avec pitié.*

Lorsqu'il mourut! Qui vous a dit qu'il était mort?

SIR HENRI, *déconcerté.*

Ma foi, Madame: qu'il soit mort ou qu'il vive, cela ne peut être entre nous un sujet de contestation: mais! croire qu'il a été, qu'il soit votre arriere petit-fils...

LA COMTESSE, *d'un ton tranchant.*

Il l'est, Monsieur. C'est le premier né de la septieme fille d'un certain Salomon Coreb, qu'avait mis au monde, à l'âge de 119 ans, la cadette de vingt-huit enfans de mon sexe, sans compter les mâles, dont je suis accouchée en Palestine pendant le siecle qui

_____

(*a*) Elle n'avait pensé d'abord qu'à se dire *éleve*, mais sujette à des idées bisarres, elle a trouvé tout d'un coup plus amusant de se forger d'autres rapports. Et c'est *bien voir:* ce qui n'est absurde qu'à moitié ne réussit pas, à beaucoup près, aussi bien que ce qui l'est au superlatif.

A 3

a précédé celui de la naissance de Jesus-Christ.

SIR HENRI, *s'arrêtant.*

Madame? J'ai l'honneur de vous faire ma révérence. Je me rappelle dans ce moment que j'ai oublié de faire une réponse très pressée qui pourrait encore partir par le courier d'aujourd'hui.

LA COMTESSE, *froidement.*

Eh bien, allez, Monsieur... (*Le Baronnet a fait quelques pas pour s'éloigner.*) Songez bien à ce que vous faites : vous pourriez vous en repentir un jour.

SIR HENRI, *revenant.*

Ça Mad. la Comtesse ! je pourrais très bien rester, & je n'ai rien d'aussi pressé que de continuer à vous faire ici ma cour. Mais pourquoi vous moquer si grossiérement de moi ?

LA COMTESSE.

Me moquer, Monsieur !

SIR HENRI.

Sans doute.

LA COMTESSE.

Je vous faisais au contraire infiniment d'honneur en vous supposant digne d'être instruit de choses... qu'on ne confie pas ordinairement à de profanes mortels...

SIR HENRI.

Mais, cet âge incroyable que vous vous donnez...

LA COMTESSE, *avec pitié.*

Incroyable! parce que, graces à... *ce que je
fais*, j'ai vécu quelques inftans de plus qu'une
autre.

SIR HENRI, *fe récriant.*

Quelques inftans, Madame! vous aviez
fait vingt-huit, & je ne fais encore combien
d'enfans, plus de cent ans avant la naiffance
de Jefus-Chrift...

LA COMTESSE.

Affurément. Et qui vous dit encore que
ç'ait été le premier fiecle de ma vie!

SIR HENRI.

A votre aife, Madame. Soyez, fi vous voulez, du tems du déluge.

LA COMTESSE, *avec feu.*

Eh! Monfieur! votre déluge n'eft que
d'hier...

Sir Henri ne fait alors, s'il doit demeurer ou s'en aller. — Mais il refte, voyant à
dix pas Céleftine qui furvient.

LA COMTESSE, SIR HENRI,
CELESTINE.

CELESTINE, *qui a entendu le dernier
mot de la Comteffe.* — Comment donc! eft-ce
qu'on fe querelle ici?

SIR HENRI.

Madame trouve plaisant de se divertir à mes dépens : j'entreprends de lui faire entendre que....

LA COMTESSE, avec chaleur.

Que vous n'avez pas le sens commun : que vous êtes MATIERE, à faire compassion.

SIR HENRI, avec aigreur.

Il ne manque plus que de vous fâcher....

CELESTINE.

Oh! ma foi, les voisins, arrangez-vous. — A bon compte, je venais vous dire, Mad. la Comtesse, qu'à la lettre, que vous voulûtes bien faire partir hier soir pour l'Amérique, ma sœur vient de recevoir réponse tout-à-l'heure. Notre parent est au Cap, & s'y porte à merveille. Dans ce moment on y est un peu plus tranquille. Je ne sais ce qu'il a l'honneur d'être, votre émissaire, mais il va grand train ; il a rapporté (je ne sais comment) une énorme balle d'oranges des plus belles de ce pays-là. — Voyez-en un échantillon. (*Elle présente alors une magnifique orange à la Comtesse.*

LA COMTESSE, *la recevant.*

C'est fort bien. —(*A portée de son logement, elle y rentre en jettant un regard terrible sur le Baronnet.*)

SIR HENRI, CELESTINE.

CELESTINE.

Vous voilà mal ensemble ; & j'en fuis défefpérée ; car je comptais infiniment, pour
vous, fur cette femme-là.

SIR HENRI.

C'eſt une archi-folle.

CELESTINE, *avec myſtere.*

Chut... fi elle vous entendait, vous feriez
un homme perdu... (*bien bas*) C'eſt une Ma-
gicienne... & peut-être le Diable en perfonne.

SIR HENRI.

Et vous auffi, Mlle Céleftine! vous voudriez me berner !

CELESTINE, *le tirant à part.*

Eloignons-nous. — Sachez, mon cher,
qu'hier foir elle veillait chez ma fœur......
Nous vînmes à parler des horreurs qui fe
font paffées dans nos colonies : Durut a dit
en l'air : *Je voudrais bien favoir fi notre pauvre coufin de l'Anguillère n'a pas péri dans
cette bagarre ?* — Cela vous tient-il fort au
cœur ? (a réparti la Comteffe.) Ecrivez deux
mots à ce parent ; je me charge du reſte.....
Ecrivez-donc. ═ Nous avons d'abord cru
qu'elle voulait rire. Point du tout. C'était
fon grand férieux. Agathe écrit vingt lignes :

elle n'a pas plutôt cacheté que voilà... comme un vent qui pousse la croisée; je ne sais quel tourbillon rase la table & enleve le papier ; nous le voyons en même tems s'échapper bien vîte en tournoyant par la fenêtre. Nous avons failli mourir de peur.

SIR HENRI.

C'est un tour de gibécière...

CELESTINE, *interrompant.*

Bien trouvé !.. & sa réponse donc ! l'écriture du cousin que nous connaissons bien peut-être ! — Mais il n'y a pas de jour que cette petite Fée ne nous donne quelque trait de sa toute puissance magique. On assure, en un mot, que son talent va jusqu'à ressusciter les morts.

SIR HENRI, *frappé.*

Ressusciter les morts !

CELESTINE.

Oui : avec une certaine eau qu'elle a...

SIR HENRI.

Serait-il bien possible !

CELESTINE.

Nous voyons du moins des gens qui le croyent. — Ce qu'il y a de certain, c'est qu'avant-hier elle en fit prendre une seule goutte... Une seule ! sur un morceau de sucre, au vieux Guenillard, le doyen des anciens-Servans de l'hospice, & qui est à la pension déjà depuis vingt-cinq ans...

SIR HENRI.

Eh bien ?

CELESTINE.

Le pauvre diable avouait que depuis plus longtems il ne se souvenait pas d'avoir... bandé (sauf le respect que je vous dois.)

SIR HENRI, *vivement*.

Eh bien, eh bien ?

CELESTINE.

Eh bien, Monsieur; tout de suite, *il a fait* trois fois, *cette affaire*, au Pot-de-Chambre: (*a*) elle a juré que c'était des bonnes, &.. comme du feu, ce que le vieux Drille lui a largement décoché... Pour moi, je ne vois de-là qu'un pas à ressusciter les morts. Encore ne dit-on pas que, lorsque Lazarre ressuscita, il se soit mis à *bander* tout de suite, ce que vous ne nierez pas être le plus beau signe de vie qu'il eût pu donner ? — Une seule goutte pourtant !

SIR HENRI.

Je m'y perds... si un Anglais pouvait se ré-soudre à croire quelque chose qu'il ne comprend pas...

CELESTINE.

Voyez donc le beau raisonnement ! comme si un Anglais avait plus de bon sens que nous ! — Mais, parlons d'autre chose. — Je

_____

(*a*) On se rappelle que c'est une ancienne servante de l'hospice.

venais savoir si rien ne vous manque dans votre logement ?

SIR HENRI, *rêveur.*

Rien du tout.

CELESTINE.

Etes-vous bien servi ? La chere ? Le vin ? Tout cela est-il de votre goût ?

SIR HENRI.

Je suis, on ne peut mieux.

CELESTINE.

Laquelle des petites voulez-vous aujourd'hui ?

SIR HENRI.

Cela m'est parfaitement égal.

CELESTINE.

Mais, enfin : une mine peut intéresser davantage : une main avoir plus de moëlleux, être plus douce....

SIR HENRI.

Figurez vous bien, belle Célestine, que je n'ai pas fait encore un instant d'attention à tout cela. Ces jolies poupées viendraient ici pendant un an sans que je connusse leur visage. — On entre, on fait son petit service : moi, l'ame & les yeux fixés sur l'idole chérie...

CELESTINE.

Vous êtes un étrange Monsieur, vraiment ! oh bien ! c'est moi, ne vous en déplaise, qui prétends vous arranger aujourd'hui... Nous verrons un peu si... marchons.

Elle entraîne plutôt, qu'elle ne conduit, le Baronnet vers son appartement, qui est un joli rez-de-chaussée de plusieurs petites pieces. —— (*Ils entrent.*)

LES MÊMES.

Dans le salon : —— Le premier objet qui se présente quand on y met le pied, c'est la châsse de la prétendue momie (*a*). A sa vue, Sir Henri exhale un gros soupir.

CELESTINE, *avec gaîté.*
Salut à l'amie. —— (*à Sir Henri*) Il faut avouer que ce devait être une séduisante friponne.
SIR HENRI, *soupirant.*
Ah ! c'était une Divinité.

Il prend un siege en face : Célestine se place du côté droit : lui passe la main gauche par derriere la nuque : & de la droite met à l'air l'instrument du sacrifice dont elle veut diriger le procédé. Tout cela se passe sans que le Baronnet paraisse s'en appercevoir : son regard stupide dévore, à travers le cristal, l'ouvrage de Curtius.
CELESTINE.
Voilà donc... tout ce dont il tournait pour

(*a*) Voyez page 67 du précédent Numéro.

la Belle !.... (*avec un léger dédain*) Hun ! ce n'aura pas été de regret , pour si peu de chose , qu'elle se sera laissée mourir...

SIR HENRI, *soupirant.*

Ah ! Zéphirine !

CELESTINE, *vivement.*

Eh foutre ! faites-lui donc du moins l'honneur de *bander !...* (*un moment de silence.*) Passe encore... au bout du compte, ce n'est pas *du beau...* (*Elle va toujours son train.*) — Cela entrerait *tout-de-go* dans la plus serrée de nos morveuses... (*Elle manipule, &, par degrés, obtient quelque chose de plus avantageux.*)

SIR HENRI, *éprouvant un commencement d'émotion.* Ah ! ah ! Zéphirine ! — *Il ajoute en anglais, des bouts de phrase que Célestine n'entend point ; elle n'est flattée, ni de ce baragouin, ni d'être absolument comptée pour rien.*

CELESTINE, *impatientée.*

C'est un peu fort !

Alors elle quitte brusquement sa place, & *zeste,* elle enfourche Sir Henri, dont elle n'a pas lâché le presque ferme boutejoye. L'Anglais goûte peu cette liberté qui lui dérobe une partie de son cher point de vue. Il le cherche de droite, de gauche : la contrariante Célestine se donne le même soin pour le lui

masquer. A travers cette chicane, elle se frot-
te vivement, du bout de ce qu'elle tient, les
levres de ce qu'on devine : de l'autre main,
elle se cramponne à la chaise de peur que le
Baronnet ne puisse échapper : Comme il
est au plus beau degré d'érection à lui per-
mis, elle s'embroche & se met tout aussitôt
à trotter grand train à l'anglaise sur son homme. — Puis tournant la tête vers la châsse :

CELESTINE, *dit gaîment.*
A ta santé, charmante.
SIR HENRI, *en crise.*
Ha!... ha!... ha... ha ! Zéphi.... (*Un souf-
flet lui coupe la parole.*)
CELESTINE, *allant son train.*
Plait-il!... apprenez, Monsieur en France
à être galant ; & pendant le service des vivans,
oubliez les.... morts.... Ah, foutre !... il ne
me baisera pas seulement.... ha !.... ha !.....
(*Se déplaçant quand elle a fait —*) Oh ! le
maussade !

Sir Henri demeure quelques instans dans un
état mixte de volupté, de colere, de confu-
sion & de regret. Il n'ose, au moment même,
jetter les yeux sur la momie, se croyant
coupable envers elle d'une insigne offense. —
Célestine a passé dans la piece dont le sallon
est précédé, elle a ses raisons pour ne pas
s'éloigner d'abord davantage. — Enfin, de-

bout, courant se prosterner devant la châsse, & s'exaltant de la maniere la plus ridicule,

SIR HENRI s'écrie.

O toi ! dont l'ame voltige sans doute autour de moi, comme sans cesse je t'entoure de la mienne ! tu sais, tu sais, céleste Zéphirine, si je pensais à t'outrager !.... Pardonne : me pardonneras-tu...?

A travers un triste soupir échappé comme de la boîte, on entend oui. —

A cette espece de prodige le Baronnet devient à-peu-près fou d'étonnement & de peur.... —De peur !—Eh oui sans doute. En vain est il raisonneur, amant éperdu, l'être qu'on croit inanimé ne donne pas signe de vie sans ébranler vigoureusement le plus intrépide esprit-fort. L'Anglais dans le conflit de deux émotions si vives, si diamétralement opposées, se trouverait peut-être mal sans les sels que Célestine accourue lui fait respirer.... Elle feint elle-même d'être fort allarmée (quoiqu'elle sache fort bien que *c'est un tour*, dont tout ce qui s'est passé n'était que la préparation, & qui en amenera d'autres.) Pour enchérir, elle prétend non seulement avoir entendu le terrible oui, mais encore avoir très bien vu, quand elle est rentrée, que la momie lui faisait une mine foudroyante.   *IL*

IL Y A DES REVENANS.

SECOND FRAGMENT.

Dans la même chambre dévolue à Trottignac lorfqu'il arriva, Mad. Durut introduifit Zéphirine, cette Long Pré (a) cette prétendue morte, dont l'effigie eft l'idole de l'extravagant Baronnet.

ZÉPHIRINE, MADAME DURUT.

MAD. DURUT.

C'eft ici, ma chere, que vous pourrez

(a) ZÉPHIRINE : à peine 21 ans. --- Grande & belle brune claire d'une extrême blancheur. Traits réguliers & piquans en même tems ; beaux yeux bleus, fourcil noir, nez de la plus jolie forme féminine, & qui n'eft ni aquilin, ni en l'air. Petite bouche gracieufe, dents courtes, d'un bel émail, nettes & dans un ordre admirable. On voit que, n'étant pas groffe, cette Beauté doit avoir une tournure diftinguée, dans le demi embonpoint : les mains & les pieds font étonnans par leur délicateffe & leur perfection. --- Motte relevée & tapiffée avec luxe.

B

vous remettre & attendre dans un plein repos le fuccès de nos myftérieufes menées.
Dans ce moment on avertit la petite Comteffe. Nous allons avoir avec elle un entretien bien néceffaire : après quoi...

ZEPHIRINE.

Après quoi, ma chere Dame, il faudra
penfer que *je garde l'heure* : que mon neu-
vieme mois expire dans deux jours, (à ce
que je crois) & que d'un moment à l'autre
je puis être furprife par la néceffité d'accou-
cher. Quel contretems ! que je fuis malheureufe ! (*des larmes.*)

MAD. DURUT.

J'avoue qu'il eût été plus à votre avantage
de n'avoir pas ce paquet à mettre bas. Cependant ne vous attriftez point... Le pis-
aller ferait que vous fiffiez ici vos couches
en fecret, & que l'exécution de nos bifarres
projets fût remife à l'époque de votre ré-
tabliffement. (*On entend marcher.*) Mais, à
ces pas légers & preftes, je reconnais la
petite Fée.... (*Durut ouvre la porte & fait
un pas au devant de Mad. de Mottenfeu.*)

LES MÊMES, LA COMTESSE.

LA COMTESSE *encore dans le corridor.*
Eh bien ! la belle fauvette eft donc enfin

dans notre cage? (*entrant, & voyant Zéphi-*
rine.) Ah! (*étonnée*) c'est la perfection.
(*Elle se jette au cou de Zéphirine & lui donne*
un baiser du genre le plus polisson.)

ZÉPHIRINE.

On m'a prévenue, Mad. la Comtesse, des
bontés infinies que, sans me connaître, vous
vouliez bien vous proposer d'avoir pour
moi : ma reconnaissance...

LA COMTESSE *gaîment.*

Quelle folie! c'est à nous, au contraire,
à vous remercier de nous avoir fourni l'é-
toffe d'une aussi plaisante récréation. Va,
va, friponne : (*elle lui prend amoureusement*
le menton.) Pour mon compte, je prévois
que tu m'auras bientôt & qu'à mon tour
je t'aurai des obligations bien plus essentiel-
les... Quel œil, Durut! quelle peau! (*Elle*
veut fourrager.)

MAD. DURUT.

Allons d'abord au solide : le tems presse
furieusement. Il faut vous dire, suprême
arbitre de nos destins, que cette belle enfant en porte un tout-à-fait mûr, & qui peut
s'impatienter au point de ne pas nous lais-
ser le tems de lever la toile pour notre
grand spectacle. Que pensez-vous de cette
conjoncture?

LA COMTESSE.

Ah, Diable!...

MAD. DURUT.

J'imaginais...

LA COMTESSE *interrompt.*

Un moment... (*elle fourit.*) J'y fuis : oui :
quand la charmante l'aurait fait exprès....
l'épifode eft unique.

MAD. DURUT.

Quoi! vous entrevoyez...

LA COMTESSE *occupée.*

Tout eft-il prêt?

MAD. DURUT.

Sans doute.

LA COMTESSE.

... L'antre?

MAD. DURUT.

Oui.

LA COMTESSE.

... Le bûcher?

MAD. DURUT, *vite.*

Le bûcher, les torches, les foudres.

LA COMTESSE.

Tout ce que j'ai prefcrit, en un mot?

MAD. DURUT.

Tout, tout, vous dis-je. Il ne s'agirait
plus que de favoir fi vous avez, de votre
côté, fuffifamment préparé notre homme...

LA COMTESSE.

Sois fans inquiétude à cet égard. Dès le

miracle de l'orange, (*a*) il n'y avait plus
moyen qu'il doutât de la toute-puissance
de mes enchantemens. Depuis lors son égarement n'a cessé de s'accroître. Sa neuvaine,
comme tu sais, s'acheve après demain : ce
n'a pas été sans peine, dès aujourd'hui, qu'il a
fourni l'émission de ces principes de vie dont

(*a*) Elle veut parler de cette magnifique orange
qu'on se souvient sans doute que Célestine avait
présentée à la Comtesse ? (*Voyez page* 8 *de ce
Numéro.*) La prétendue forciere, cinq jours plus
tard, se promenant au jardin avec le Baronnet, avait
mis, comme par caprice, ce fruit dans la terre d'un
pot à fleurs vuide, & avait fait semblant de lâcher
par-dessus un jet d'urine, en observant de bien ar-
rondir les jupes à l'entour. En même tems, à ce
pot dextrement escamoté, Gervais, à travers une
charmille, substituait un pot absolument pareil, &
que l'Anglais, qui se tenait à deux pas, le dos
tourné, par décence, ne pouvait manquer de prendre pour le même qu'il venait de voir. Mais pour
le coup, il voit de plus un jeune oranger de la
plus fraiche verdure. La Comtesse lui ordonne d'arracher cette faible plante. Il obéit : sous la racine
quelque chose brille... c'est un médaillon en or ;
à l'ouverture, l'émerveillé Protégé de la Fée est
frappé de la plus fraiche image de sa Zéphirine si
chérie... En pareil cas ne vaut-il pas mieux lâcher
la bride à toute la folie d'une absurde superstition,
que de s'alembiquer l'esprit pour arriver enfin très
sensément à se dire *que tant de plaisir ne se doit
qu'à un tour de main ?*

il eft perfuadé que j'ai befoin pour la com-
pofition de l'élixir (*en regardant Zéphirine*)
qui doit vous ranimer. Le régime dont nous
avons fait vivre l'heureufe dupe; l'agitation
fatigante dont nous avons obfédé fon fom-
meil; l'ébranlement perpétuel où nous avons
entretenu fon ardente imagination; l'état de
faibleffe enfin où le jetteront neuf contribu-
tions extraites par cette main habile (*elle
fait en même tems un gefte plein de grace, de
nature à ne laiffer aucun doute fur l'habileté
dont elle fe flatte;*) tout cela nous répond du
degré de crédulité fanatique où nous de-
vons amener enfin nêtre vaporeux. Le grand
coup de théâtre achevera de nous le fou-
mettre. Refte à favoir fi la derniere fecouffe
ne fera peut-être pas trop forte, & ne lui
fera pas perdre fi bien l'efprit, que peut-
être il ne nous foit plus poffible de le remettre au courant des foux de l'efpece
commune....

ZÉPHIRINE *avec émotion.*

Vous m'allarmez, Madame. Se pourrait-
il qu'en vue de rendre moins malheureufe
une créature... hélas! trop coupable, vous
jouaffiez à faire à jamais le malheur d'un
homme eftimable & de fi bonne foi! Ah!
bien plutôt renonçons...

MAD. DURUT, *interrompant.*

Bien cela : j'aime ce fentiment..... (*elle*

tend amicalement la main à Zéphirine.)
Mais ne craignez rien, notre amie. Le bonheur ne tue jamais... & le cours fatal de
l'existence journaliere n'apporte que trop de
remede à la précieuse folie d'un mortel in-
soutenablement heureux. Sans scrupule,
laissez-nous faire, & ne songez qu'à jouir
de nos succès.

LA COMTESSE *à Durut.*

Du moins il parait que nous ne servons
pas une vile créature, & que nous n'aurons pas fait au Baronnet un funeste présent.

MAD. DURUT.

J'allais le dire mot à mot. Ainsi, voilà
nos consciences fort à l'aise, Dieu soit loué.

LA COMTESSE.

A propos de conscience, tu me fais pen-
ser à te dire quels engagemens vient tout-
à l'heure de prendre de lui-même, avec moi,
le reconnaissant Arisson. (*a*) ,, S'il est vrai,
Déesse, (a-t-il dit en me baisant les pieds,
maigré moi) s'il est vrai que les esprits &
les élémens vous soient soumis, comme je
commence à le croire; s'il est vrai que vous
puissiez rendre à mes vœux celle... qui avait
cessé de respirer, mais qui vit toujours dans
mon ame; Zéphirine, dès l'instant de sa se-

(*a*) C'est le nom du Baronnet.

conde vie, difpofera de fix mille livres fterling, qui font maintenant à Paris entre les
mains de mon Banquier; j'affurerai auffi tout
de fuite à la plus chere moitié de moi-même
cinq cents livres fterling de rente perpétuelle,
fans préjudice de vivre enfemble comme
par le paffé. Ah! pourquoi ma médiocre
fortune ne me permet-elle que d'auffi fai-
bles facrifices! mais quel Monarque ferait
affez riche pour payer le bien qui va m'être
rendu! Quant à vous, Madame... fi vous
n'étiez qu'une mortelle, il ne ferait pas encore en mon pouvoir de m'acquitter. Tout
l'or de l'univers fuffirait-il à récompenfer
l'être fi propice qui m'aurait fauvé la vie
en m'affurant une imperturbable félicité! „

MAD. DURUT.

Voilà de fuperbes paroles fans doute;
mais je ne ferais pas fâchée que tout cela
fût dit, plus uniment, en quatre ou cinq
petites lignes, dont le Notaire pût faire un
bon acte...

ZEPHIRINE.

Connaiffez mieux Sir Ariffon, Madame.
Un mot qu'il a dit vaut un contrat. S'il
l'avait oublié; le lui rappeller fimplement,
c'en ferait affez pour qu'il s'engageât fur nouveaux frais, & fît encore plus qu'il n'avait
promis.

LA COMTESSE.

Je crois que Zéphirine a raison : les Anglais font affez dans ce genre.

MAD. DURUT.

A la bonne heure : au furplus, ce n'eft pas par ces beaux côtés que nos fieffés *penfeurs* les imitent. — (*à Zéphirine*) C'eft à vous, la belle enfant, de vous conduire fi bien après tout ceci, qu'il ne démente jamais un langage qui vous fait tant d'honneur.

ZÉPHIRINE.

Ah ! je réponds bien de ne plus reperdre par ma faute un cœur... dont j'avoue que je me rendis trop peu digne. Cependant, fans l'affreufe rouerie d'un perfide, d'un ingrat...

MAD. DURUT.

J'entends : or, ce maudit coufin, ce funefte objet de votre ruineufe efcapade, c'eft lui probablement qui... (*Elle jette un regard expreffif fur l'exhauffement du ventre de Zéphirine.*)

ZÉPHIRINE *avec douleur.*

Hélas oui ! j'en meurs de honte. Un événement qui pouvait convertir les liens légers du plaifir en chaines folides de la reconnaiffance & de l'attachement, devait il au contraire corrompre notre union & me préparer mille genres d'infortune !

B

LA COMTESSE.

Raconte-nous le fait, mon cœur. (*A Durut*) Elle est délicieuse ; j'en rafolle déjà. Tout ce qui la concerne me pénetre d'intérêt. (*à Zéphirine*) Nous t'écoutons.

ZEPHIRINE.

Grosse à peine de cinq mois, dès que mes formes perdirent de leur grace, & mon peu de charmes, de leur éclat, le vil Bricon (*a*) se refroidit par degrès : bientôt il devint désobligeant, grondeur, brutal même au point de me battre. Livré au jeu, aux liqueurs fortes ; Démocrate enragé ; devenu l'un des piliers des clubs les plus incendiaires ; ardent bravache parmi ces nouveaux soldats soi-disant *citoyens*, dont la moitié n'a que le courage de la férocité ; mon persécuteur enfin, après avoir dissipé le reste de nos ressources, un beau jour me laissa sans un écu, devant à tout le quartier, sur la paille en un mot.

LA COMTESSE.

Cette chere enfant !

ZEPHIRINE.

J'y serais morte sans doute au moment de mes couches, sans la faveur du ciel...

(*a*) Un proche parent de certain mauvais sujet qui brille dans le Diable-au-Corps. — *Bon sang ne peut mentir.*

(*à Mad. Durut*) qui vous fit apparaître l'autre jour dans mon obscur taudis... (*elle fait un mouvement pour saisir & porter à sa bouche une main de Mad. Durut qui la retire vite & donne à sa protégée un baiser.*)

LA COMTESSE *à part.*

Elle me fend le cœur... Avoue, Durut, que les femmes sont bien payées pour s'attacher à ces animaux d'hommes... (*à Zéphirine*) car tu aimais sans doute ?

ZÉPHIRINE.

C'est tout au plus si je suis radicalement guérie d'une passion qui me livrait à mon propre mépris...

LA COMTESSE *la caressant.*

Va, va, mon Ange, nous t'apprendrons à chasser l'amour... (*elle lui met la main sur le cœur*) de là : il n'est de saison qu'en deux endroits, ici... (*lui touchant le front*) pour le gouverner habilement ; & là, pour avoir du plaisir... (*Elle a glissé lestement la main sous les jupes de Zéphirine & surpris le bijou de cette Belle, qui tient une assez sotte contenance, n'osant ni faire la bégueule, ni se livrer à cette étrange agacerie. — La Comtesse glissant un doigt dans le sentier des voluptés ajoute :*) Promets-tu que ton Marmot ne me mordra pas ?...

Mais le chocolat qui survient met fin à

ce manege, fans quoi la Comteffe fe ferait
amufée dès lors à pouffer la chofe à bout.
On déjeûne : la converfation n'ayant plus
rien de fort intéreffant pour le lecteur, on
lui en fait grace. La feule circonftance un
peu remarquable c'eft que la petite Comteffe,
à travers le détail qu'elle fait à Zéphirine
des mefures qu'on a prifes pour amener les
chofes au point où elles font, tire de fa po-
che une petite phiole où, dans une partie
d'eau de Cologne, erre le mélange des tri-
buts qu'elle a déjà fait éjaculer de chez le fu-
perftitieux Anglais.

L A C O M T E S S E.

Si j'ai pu lui perfuader que cela m'était
néceffaire pour rendre des efprits vitaux à
fa chere momie, qu'en coûte-t-il de plus
d'affurer que d'un excès de foin, pris pour
la plus grande sûreté de l'opération, il a
réfulté, par un fecond miracle, la forma-
tion hâtée d'une nouvelle créature dans *l'u-
terus* furabondamment vivifié...

M A D. D U R U T., *s'extafiant.*

L'idée feule eft d'une forciere du premier
ordre. Oui : le diable m'emporte, ou vous
l'êtes tout de bon.

L A C O M T E S S E.

Nous n'en fommes pas encore au plus intéreffant des diableries. (*d'un ton comique.*)

Je veux que l'affemblée frémiffe ; que les
cheveux dreffent fur les têtes, même à travers la tempête du plaifir...

MAD. DURUT, *se levant.*

Ça, tandis que vous allez apprendre à
cette belle enfant le rôle que vous lui defti-
nez, je vais, moi, rédiger l'ordre général
& donner pour après-demain rendez-vous
aux coopérateurs. (*Elle a déjà fait quelques
pas.*)

LA COMTESSE.

Un moment, notre féale. Il eft bon de
te rappeller que fi mon eftomac a déjeûné, il
n'en eft pas de même du refte. Or certain
petit écuréuil (*a*), qui n'eft de rien dans mes
vaftes projets, n'eft du tout au fait de demeurer à jeun fi tard que l'heure actuelle...

MAD. DURUT.

Ah! je comprends....

LA COMTESSE.

Va donc, & s'il y a par là bas quelqu'un
de convenable, envoie-moi le tout de fuite. Point de marmots : du folide, entends-tu ?

MAD. DURUT.

J'ai votre affaire, je crois : pourvu qu'on
ne foit pas déjà loin. Je cours....

———

(*a*) Plaifanterie familiere à la petite Comteffe,
qu'on fait être rouffe, & qui n'en rougit pas.

LA COMTESSE, ZÉPHIRINE.

La **C**omtesse, *avec un baiser.*

Tu permettras bien, charmante, que dans le cabinet d'à côté...

Zé**p**hirine.

Je suis au désespoir d'être apparemment la cause que Madame...

La **C**omtesse *caressant.*

Oui sans doute, tu l'es. Sans cette ronde bedaine si tendue qu'il y aurait conscience à troubler le moins du monde ses derniers instans de repos, je n'aurais appellé pour ce matin personne à mon secours. J'étais accourue céans la tête diablement montée. Tes traits enchanteurs, bien gravés dans ma vive imagination d'après ta pâle image, m'avaient d'avance inspiré le caprice le mieux conditionné. Je comptais bien t'écrémer aussitôt que la marche de notre projet te mettrait en mon pouvoir.

A travers cette galante déclaration les levres de la Comtesse se sont si bien approchées de celles de Zéphirine que l'aimant des deux bouches les a soudain unies par un fougueux baiser. Cependant Zéphirine n'a pas décidément le *goût des femmes* : mais on la desire, on l'a louée : & l'être séduisant qui

répand ainsi sur elle le doux poison de la
séduction, est cette même femme qui lui
prépare une infinité de bonheur... Zéphirine est émue, s'enflamme d'un feu d'autant
plus vif qu'il est nouveau pour elle... Ce
feu, l'experte Comtesse vient de l'allumer
à la fois partout, ayant détourné d'abord,
avec toute la délicatesse d'un respectueux
amant, la triple gaze des fichus ; & chatouillant d'un tact léger comme le pas d'une
mouche, les sommets irritables de deux
montagnes dont le lait a converti en dure-
té la consistance ci-devant élastique. Plus
loin, c'est pis encore ; car déjà ces amantes
de nouvelle date ont quitté l'entour de la
table du déjeûner : machinalement, on a
gagné le lit : Zéphirine, jalouse de complai-
re en tout à sa voluptueuse bienfaitrice, a
compris qu'on la souhaitait sur cet autel de
leur folie ; elle a bien voulu s'y coucher.
Pour lors, une main qui n'avait pas encore
d'occupation, se donne à son tour une bien
plus incendiaire besogne. La Comtesse croit
s'appercevoir que le trop grand jour fatigue
l'œil clignotant de son divin caprice : elle
rabat donc sur leur groupe un rideau qui
pare aussitôt à la fortuite incommodité. Zéphirine en devient plus hardie. Le triple
badinage est plus paisiblement souffert, plus
délicieusement savouré, mieux secondé ; en-

fin la tête de la patiente eſt partie tout à
fait ; *elle n'eſt plus* : cet effet ſeul va peut-
être ſuffire à jetter l'agente dans le même
délire de plaiſir. Mais, au même inſtant, entre ſur la pointe du pied quelqu'un… Orienté
par de jolis pettons apperçus au bas du rideau, cet homme qui n'a fait aucun bruit,
eſt ſoudain en pleine impertinence avec la
Comteſſe. Celle - ci ſent alors très bien
qu'on lui *manque* eſſentiellement par-deſ-
ſous ce rideau qui ne ſépare plus que les
buſtes. — Elle ſe fache? — Non; elle s'y
prête. Cette aubaine ne peut l'étonner que
par l'extraordinaire proportion de ce qui la
travaille… Bientôt une *à verſe* des plus ſoli-
des jouiſſances abat le zéphir dont ſes ſens
n'étaient qu'émouſtillés pendant ſon gentil
eſcarmouche. — On pourrait croire que la
groſſe faim de l'écureuil eſt déjà ſatisfaite?
Non pas il eſt, comme on ſait, un furieux
mangeur : Le premier morceau, très fort,
eſt déjà bien avalé, ſans que la pâmée Zéphirine ſe ſoit doutée de rien : mais, pendant
qu'on recommence, comme il eſt bon de ſavoir quel eſt le recommandable mortel ſi
libéral d'une délectable ambroiſie, la petite
Comteſſe écarte le rideau, ſans ſe dégager;
retourne ſon buſte vers ſon vigoureux acteur
avec toute la ſoupleſſe d'une taille mignone,
elle voit… un gros réjoui, montrant, par
ſon

fon fourire, un ratelier égal, d'un blanc
éblouiffant ; une face vermeille , à barbe
bleue ,... dardant de fes grands yeux noirs
les éclairs de la luxure & de la vigueur. Cependant Zéphirine , (auffi nue qu'on peut
l'être avec des habits , & ayant encore des
fentinelles partout) eft un peu confufe, auffi
bien d'avoir un témoin que d'en fervir. Au
refte , le premier pas eft fait : fa pofition
lui impofe tant d'égards envers la petite Fée!
Il en coûte fi peu de s'accoutumer à des fce-
nes dont la contemplation vaut quelquefois la moitié de la réalité !... ― Peu be-
gueule, (quoique loin de l'extrême impu-
deur de nos Dames Aphrodites) Zéphirine
prend la chofe en bonne part ; recule affez
vers le fond du lit, pour faire beaucoup
d'efpace; ce qui détermine auffitôt l'intrépide Comteffe à faire face , au lieu de continuer *en levrette* comme on a débuté. Pour
lors, commence entre l'envoyé de Mad. Durut & la brûlante Comteffe l'un des plus
vifs affauts qu'ait jamais foutenus cette cou-
che, même après avoir fupporté, comme
on fait, Mad. Durut fous le terrible Trottignac. Ce fameux *déjeuner* du bijou d'or s'eft
déjà répété coup fur coup quatre fois, avant
qu'il y ait eu un moment où l'on ait pu de-
mander au prodigue pourvoyeur comment
il fe nomme. ― Au nom de Ribaudin, en-

7. C

fin prononcé avec une ronflante basse-taille,
un saint respect saisit la Comtesse. Quelqu'un
du même nom lui fit jadis des choses si sur-
prenantes que, se sentant dans les bras d'un
individu de la famille, elle ne peut plus savoir pour combien de tems encore elle en
a, ayant d'être quitte de cette téméraire dé-
bridée. Mons Ribaudin semble s'être four-
ré là pour la vie. Il cogne, recogne, éja-
cule, baise & jure : il pille, au delà de la
Comtesse, les charmes découverts que les
jolis doigts de la Fée ont cessé d'occuper
quand elle a volté. C'est maintenant une
paire de larges mains qui les couvre & les
agace, toutefois avec l'attention de ne point
les blesser... Qui verrait, après l'affaire,
quelles traces mousseuses souillent le bord
de ce pauvre lit, croirait que dix victimes
ont été coup sur coup immolées à la même
place. — Lecteur ? cet athlete gigantesque
ci-devant Abbé de l'ordre de Saint Bernard, &
le neveu d'un digne oncle dont la petite Comtesse peut & doit conserver de charmans sou-
venirs ; cet ex-moine, ce Goliath de Lampsaque était alors Capitaine de grenadiers
dans la garde nationale de Paris. = Comment cet immonde avait-il pénétré dans
l'hospice sacré des Aphrodites ? — C'est ce
que peut-être je vous dirai plus tard... Mais
portons nos regards ailleurs.

TROISIEME FRAGMENT.

Certain étranger, arrivant de l'Isle de
Bourbon, avait mis pied à terre, à Paris,
chez Mad. Durut qui y fait tenir, comme
on fait, un hôtel garni. — Le lendemain,
ce Voyageur fit prier notre amie Durut de
vouloir bien venir elle-même lui parler.
Elle eut cette complaisance : voici quel fut
leur entretien.

L'ETRANGER, MAD. DURUT.

L'ETRANGER.

Je suis bien votre serviteur, ma chere
Dame. Il faut que vous soyiez connue dans
les quatre parties du monde, car c'est à
l'Isle de Bourbon qu'un individu qui habi-
tait ce lointain séjour depuis douze ans, a
appris le nom & la demeure de l'illustre
Madame Agathe Durut.

C 2

MAD. DURUT.

Je n'aurais jamais imaginé, Monsieur, que ma renommée se fût envolée si loin. Pourtant, avant que je m'en félicite, il est bon de savoir si c'est du bien ou du mal qu'on se donne la peine de dire de votre servante, au delà des mers?

L'ETRANGER.

On n'y a fait devant moi que votre éloge : & ce qui vous le prouvera, c'est que je viens vous offrir ma confiance pour une affaire du plus grand intérêt, d'où peut dépendre le bonheur ou le malheur de ma vie.

MAD. DURUT.

Comment pourrais-je....

L'ETRANGER.

Daignez m'écouter. — Vous connaissez, dit-on, tout Paris? & surtout les gens du haut parage?

MAD. DURUT.

Tout Paris, c'est beaucoup dire : j'avoue pourtant d'y connaître infiniment de monde....

L'ETRANGER *avec intérêt.*

Et de ce nombre, Madame, y aurait-il, par hasard, quelqu'un du nom de Limefort?

MAD. DURUT *avec feu.*

Limefort! vous ne pouviez vous adresser mieux. Tous les Limefort sont de ma connaissance : & de plus, bien particulierement.

L'ÉTRANGER.

Il s'agit pour moi d'avoir un éclaircisse-
ment de la plus grande importance avec celui qui se nomme Roch, Balthasar, Marcel...

MAD. DURUT, à part.

C'est le Marquis. (moment de silence.)

L'ÉTRANGER.

Eh bien, Madame ?

MAD. DURUT, observant & hésitant.

Monsieur.... si vous arrivez dans notre
Paris pour avoir avec ce galant-homme...
une affaire... ou quelque procès... je ne le
connais pas.

L'ÉTRANGER.

Soyez sans inquiétude. Ce dont j'ai le dessein de l'entretenir n'aura, (en soupirant)
je crois, pour lui, rien que d'agréable.

MAD. DURUT.

Eh bien, Monsieur, je connais donc votre Roch, Balthasar, Marcel, Marquis de
Limefort. Le pauvre cher homme ! (l'étranger se trouble) il a dans ce moment-ci bien
de l'affliction....

L'ÉTRANGER plus troublé.

Que dites-vous ?

MAD. DURUT souriant.

Laissez-moi donc achever. — Et bien du
plaisir.

L'ÉTRANGER à part.

Ouf! — (à Mad. Durut) Parlez sans énig-
me, ma chere Mad. Durut.

MAD. DURUT.

C'eſt qu'il avait une femme. — (*l'étranger treſſaille.*) Elle vient de mourir.

L'ETRANGER, *à part.*

Je reſpire.

MAD. DURUT.

Vous concevez bien qu'avec un bon cœur, on éprouve toujours....

L'ETRANGER *avec crainte.*

Il l'aimait beaucoup, apparemment?

MAD. DURUT.

Oui : par reconnaiſſance. (*a*) Elle était extrêmement riche.

(*a*) La Marquiſe de Limefort était une hollandaiſe plus âgée que ſon époux, & qui, lorſque les hollandais commencerent à ſe déſunir, avait tranſporté chez nous plus des trois quarts d'une grande fortune réaliſée en excellent papier, en diamans & en ducats. Galante, cette Dame, avait accroché le Marquis, ſerviteur eſſenciel, honnête ami, pauvre & méritant un meilleur ſort. Elle l'avait épouſé, non pour poſſéder cet homme excluſivement & le convertir en mari fidele, mais pour jetter ſur ſes propres frédaines un voile décent. Sur ce pied le couple vivait dans une union parfaite ; Mad. de Limefort d'une pétulance étonnante chez une femme de ſon pays, abuſait un peu trop de ſon eſprit-fort, de ſa conſtitution robuſte & du genre de vie maſculin, qu'elle préférait à celui qui ſied mieux à ſon ſexe. Au retour d'une partie de chaſſe fort vive, où elle s'était conſidérablement échauffée, (les malins ajou-

L'ETRANGER.

Eh bien ?

MAD. DURUT.

Eh bien, Monsieur ; il hérite de tout. (*Mad. Durut remarque que l'étranger apprend cette nouvelle d'un air bien indifférent.*)

L'ETRANGER.

Comment existe-t-il ce Marquis ?

MAD. DURUT.

Lui ! c'est un bon vivant, plein d'honneur ; fou de plaisir... aimant les femmes, & fait pour elles... Ah, Dame ! c'est sur l'article, un démon. Buvant sec, toujours le petit mot pour rire ; caustique en diable avec les gens qui ne lui plaisent point ; généreux comme un Roi depuis qu'il est devenu riche...

L'ETRANGER.

Riche ! je suis fâché qu'il le soit.

MAD. DURUT.

Comment, Monsieur ! vous voudriez donc du mal à un homme que je viens de vous donner pour l'un de mes meilleurs amis !

L'ETRANGER, *souriant.*

Moi ! lui vouloir du mal ! non, non, Madame...

---

tent *de plusieurs manieres*) elle eut le malheur de se refroidir : une fluxion de poitrine survint qui lui fit plier bagage au bout de quatre jours. --- Avis à nos aimables folles.

MAD. DURUT.

Et cependant son opulence ne vous réjouit pas ?

L'ETRANGER, *gaiment.*

C'est mon secret. — A bon compte voudriez-vous bien me procurer un tête-à-tête avec M. de Limefort ?... chez lui... chez moi... comme il voudra.

MAD. DURUT *défiante.*

Vous allez un peu vîte : quoique fort amie de votre homme, j'avoue que je ne suis pas trop sûre de mettre à l'instant la main dessus...

L'ETRANGER.

N'est-ce pas Paris qu'il habite ?

MAD. DURUT.

Assurément : mais c'est que tous ses pareils viennent de se mettre à la fichue mode d'aller sur les bords du Rhin (*a*) joindre l'armée de nos Princes émigrés : Quand je dis leur armée ; ils n'en ont point, nous le savons : n'importe ils font fièrement semblant d'en

---

(*a*) Mad. Durut sait très bien que Limefort a eu le bon sens & l'adresse d'échapper de cette toile d'araignée où tant de nobles moucherons se font désastreusement empêtrés : mais elle veut avoir le tems de consulter le Marquis avant de l'aboucher avec cet être auquel elle ne se fie point encore. Elle ment pour avoir de la marge, & faire tout pour le mieux.

avoir une, & de vouloir faire des merveil-
les avec : va-t en voir s'ils viennent. — Il
s'agit donc de savoir fi l'ami Limefort n'a
pas donné, comme un autre, dans cette
boffe...

L'ETRANGER.

Vous me percez le cœur. — Informez-
vous du moins où l'on peut lui écrire,...
ou le joindre, cela vaudrait mieux : oui,
j'irai s'il le faut... (*avec triftesse*) j'avais une
charmante efpérance : d'un mot vous avez
tout gâté.

MAD. DURUT.

Là là, ne vous attriftez point trop avant
d'être plus au fait. J'ai quelque preffenti-
ment de n'avoir que d'heureufes nouvelles
à vous rapporter du meffage que je vais faire à l'heure même. (*Durut fe leve.*)

L'ETRANGER, *la retenant.*

Un moment. — J'ai quelque chofe encore à vous dire avant de nous féparer... Mais
voyez fi perfonne n'eft à portée de nous
entendre...

MAD. DURUT.

Nous avons le fallon entre nous & les
gens...

L'ETRANGER.

N'importe...

MAD. DURUT *regardant.*

Il n'y a perfonne... mais, pour plus de fû-
reté, je vais fermer là bas...

L'ÉTRANGER.

C'eſt bien fait. — (*Durut va tourner en dedans la clef qui ferme l'anti-chambre, & revient.*)

MAD. DURUT.

Nous voici bien ſeuls. (*Elle ferme.*)

L'ÉTRANGER.

(*Prend alors une main de la bonne Durut, & l'apportant ſur la poitrine... cette main touche une paire de tetons encore aſſez agréables.*) Je ſuis femme...

MAD. DURUT, *ſurprise.*

Je m'en apperçois.

L'ÉTRANGERE, *(raſſiſe.)*

Et j'aime le plaiſir à la fureur.

MAD. DURUT, *(raſſiſe)*

C'eſt parler cela.

L'ÉTRANGERE.

Comme on le doit à quelqu'un dont on a la meilleure opinion. Or, ne voulant pas me répandre ici beaucoup avant d'avoir mis en regle quelques objets de fortune & d'autres intérêts ; bien avertie d'ailleurs que l'excellente Agathe eſt une femme de reſſource, diſcrete, infiniment adroite à ſervir ſes amis ; moi qui veux abſolument en être... (*elle met en même tems une bourſe aſſez lourde dans la main qu'elle vient de prendre à Mad. Durut.*) Je la prie, ſans rougir, & ſans craindre de l'offenſer, de me procurer un joli jeune homme...

MAD. DURUT, (*souriant.*)

Cela se peut...

L'ETRANGERE, (*avec émotion.*)

Vous êtes une bonne amie! mais choisis-
sez-le si jeune & si joli que je puisse l'avoir
près de moi sous l'habit de femme, & qu'il
représente, à s'y méprendre, une fille que
j'aurais la fantaisie d'entretenir : car, aussi
longtems que je porterai des culottes, je
dois me garder de me faire prendre pour UN
DE CES MESSIEURS. (*elle montre ses manchettes*)
Lorsque je reprendrai le costume de mon
sexe ; eh bien, on verra ma semblable : plus
d'indécence : qu'en dis-tu ?

MAD. DURUT.

Votre franchise exige tout mon intérêt,
& votre générosité tous mes services. Cependant gardez cet or, il ne peut encore
m'appartenir. (*elle veut rendre la bourse.*)

L'ETRANGERE, *refusant.*

Non, non, ma chere: c'est un faible à-
compte pour le trousseau du petit être que
tu peux me destiner. Ensuite ce sera mon
affaire de proposer à cet enfant un arrange-
ment convenable. (*avec feu.*) Va, cours,
mon essentielle amie. Songe que te voilà
confidente de tout ce qui m'intéresse le plus
au monde, & que tu es devenue l'arbitre de
mes destins. Songe que tu vois une femme
brûlante, accoutumée là-bas au plus succu-

lent régime, & qui pourtant, depuis qu'elle
a mis le pied fur le vaiſſeau....

MAD. DURUT.

Mais! écoutez donc: En attendant la de-
moiſelle de compagnie, & même ſans préjudice, rien n'empêcherait qu'un beau, grand
& rablé valet-de-chambre, écuyer, comme
vous l'entendriez....

L'ÉTRANGERE.

Fi, fi donc. — J'ai juſqu'ici (*la gorge*) de
ces groſſieres jouiſſances. Je ne reviens pas
à Paris pour y reprendre le train de l'iſle de
Bourbon. J'ai juré la réforme. Si je me ſuis
courageuſement privée de deux Negres qui
valaient un million, ce n'eſt pas pour re-
tomber dans la crapule avec les Paſquins
de votre capitale. Il eſt tems que je devien-
ne ſage, ma chere Durut.... à trente-quatre
ans....

MAD. DURUT.

Qu'eſt-ce que cela! j'en ai bien trente-ſix,
moi qui vous parle! & Dame! Dieu ſait
que je n'en donne pas encore ma part aux
chiens....

L'ÉTRANGERE, *ſouriant*.

Ce ſerait en effet dommage. — Cependant j'en aurai tout aſſez avec ce dont je
t'ai priée: penſe ſeulement que j'en ai le
plus urgent beſoin.

MAD. DURUT.

Ayant trois heures, à compter de cet
inftant, vous ferez fervie...

L'ETRANGERE, *enchantée.*

Tout de bon?

MAD. DURUT.

Et ce fera, je me flatte, au-delà de votre
efpoir...

L'ETRANGERE, *avec paffion.*

Embraffe-moi, ma chere bienfaitrice. (*Elles s'embraffent.*) Ah! je vois bien qu'on ne
m'a rien dit là bas de toi qui ne foit encore au deffous de ce que tu mérites.

MAD. DURUT.

Vous me gâtez. Adieu, je vole pour
vous.

L'ETRANGERE.

Adieu, mon cœur. (*Elles fe quittent.*)

———————

Quel dommage que le Roman ne foit pas
notre genre! Comme nous pourrions nous
déleéter à conter dans un bon gros volume
les étonnantes aventures de cette Etrangere
fi brûlante, fi aguerrie, qu'on voit déjà
n'être pas dans une fituation ordinaire. Quelle riche matiere pour de ronflantes pério-
des bien morales, bien oratoires! pour des
tableaux d'un beau *brun foncé*, vivifiés par-
ci, par-là, d'éclairs de *fcandale* & *d'indigna-*

tion ! Mais, quoique nous allions volontiers
terre à terre, étant incapables des sublimes
élans de nos modernes *inspirés* ; comme nous
ne laissons pas d'embrasser dans nos frag-
mens profanes, un fort grand nombre d'individus, il nous est impossible de citer à
propos de chacun, même en abrégé, tout
ce que son histoire particuliere peut offrir
d'intéressant ou de bisarre. D'après les sce-
nes que nous allons esquisser, quelque
amplificateur (qui devinera tout ce que nous
n'aurons pas dit) sera bien le maître de trai-
ter notre sujet dans le goût à la mode ;
c'est-à-dire, sous le point de vue des *mœurs*,
& surtout avec égard à la nécessité de multiplier les feuilles, afin de donner une certaine valeur à son ouvrage. D'ailleurs, en
nous copiant, il trouvera moyen encore de
faire du neuf, la catastrophe que nous avons
à décrire ayant un beau côté *sentimental*,
qu'il est infiniment aisé de rendre *larmoyant*
à mériter tous les suffrages. Ah ! nous le ré-
pétons : que n'avons-nous un certain *talent*
avec lequel ce qui, traité par nous, ne sera
que comique & ridicule, serait susceptible
de devenir, *une belle horreur*, bien criminelle, tragique au besoin, & qui pourrait
arracher, aux lecteurs *purs*, d'admirables
déclamations contre la *perversité de cette fin
de siecle* ! Nous, steriles dans ce genre si di-

gne d'éloge, nous qui rions fottement de
tout, nous allons nous borner modeftement
à rapporter, au fujet de l'Etrangere, ce qu'il
eft indifpenfable de favoir afin de comprendre
quelque chofe à ce qu'on verra bientôt
fe paffer entre elle, Limefort, & les acceffoires
de leur *imbroglio* principal.

Un adolefcent joli comme l'amour, fait
comme Antinoüs, ardent pour les femmes, &
foutenant cette paffion, des plus recommandables
moyens de les fervir, Limefort, en un
mot, (d'ailleurs, peu riche au tems dont
on parle à préfent, car il dépendait alors
d'un pere *avare*, fans entrailles (a), qui ne
lui donnait que tout jufte de quoi fe foutenir
dans les Moufquetaires) Limefort, dans
cette étroite pofition, fe confolait au moyen
du travail, lifant, écrivant, & cultivant
les arts agréables. Il était très bon
Muficien, & deffinait avec grace. A la fa-

***

(*) C'eft bien ainfi que font en droit de définir
leurs mauffades peres, ces Aimables qui ne peuvent
obtenir, à compte du *bien* qu'ils favent d'avance
être le *leur*, de quoi jouer un jeu d'enfer, entretenir
des filles, parier aux courfes des chevaux &c. toutes
chofes fi *néceffaires* afin que la Jeuneffe du tems
qui court *exifte un peu décemment*. (Note de l'Editeur.)

veur de ces talens il était reçu dans plufieurs maifons plus ou moins aufteres, dont
les portes ne fe fuffent point ouvertes (du
moins le jour, au fimple Plumet, & furtout au Moufquetaire noir... Au nombre
de fes plus intimes connaiffances étaient deux
Dames, mere & fille, la premiere étourdie
par nature & par ton, poëte affez ridicule,
catin furanée, qui depuis 18 ans, ne s'en
croyait toujours que 18 : la feconde, défi-
rable jouvencelle, pleine de fens, peignait
avec un vrai talent; elle avait de plus dans
le cœur les germes de tous les jolis vices
qui font de la compétence du beau fexe. —
On pourra juger du dégré d'efprit fort &
d'imprudence de ces *amies* (c'était leur mot)
quand on faura que la Mere trouvait très
bon que Mlle Fleur, (*a*) qui fe confacrait au
genre de l'hiftoire, étudiât d'après la nature vivante & le nud. — Il prit foudain à
l'ingenieufe Fleur l'envie de peindre la mort
d'Adonis. Mad. Hanneton (*b*) goûta d'autant mieux cette idée poétique qu'elle même avait eu le projet de chanter cette cataftro-
phe dans un petit poëme ou tout au moins

(*a*) Nom de fociété.
(*b*) La mere : fon époux originaire d'Irlande fe
nommait ainfi.

dans

dans une héroïde. Comme en fait d'arts....

.... *alterius* ...

altera poscit opem, res, & conjuvat amice. (a)
le feu d'une imagination embrasant né-
cessairement l'imagination voisine, Mad.
Hanneton ne douta plus que, du concours
de sa propre inspiration & de celle de sa fille, il ne résultât deux chef-d'œuvres. D'ailleurs, la Muse s'était soudain frappée d'une
double convenance où l'art & la décence
trouvaient leur avantage à la fois. Il était
tout simple qu'elle servît de modele comme
Venus, & l'ami Limefort, comme le héros
de la déplorable aventure. Il allait être charmant de pouvoir, à l'insçu de l'univers,
produire d'aussi belles choses *entre soi.* Tandis qu'on était de cette folie dans la maison de Mad. Hanneton, Monsieur courait le
monde, possédé du goût de la botanique, her-
borisant par monts & par vaux ; ayant plus
d'une fois franchi nos frontieres & même
les mers, à la piste de quelques *especes* qu'il
était au désespoir de ne connaitre que par
les livres. — Sur ce pied, les dames étaient
parfaitement maîtresses de leurs actions ;

_____

(a) Un te'ent appelle le secours de l'autre, &
l'aide à son our amicalement. (*Version littérale*
de ce passage de l'Art poétique d'HORACE.) *Note*
de l'Editeur.

D

Mad. Hanneton, effet à-peu-près verreux,
mais qui avait encore un peu de cours fur
la place des très jeunes gens, (faciles en affaires comme on fait & fort économes de
protêts) Mad. Hanneton s'enfermait fouvent
avec le complaifant Limefort. Il lui aidait,
difait-elle, à trouver la rime ; mais, au
vrai, leurs fréquens *à parté* n'aboutiffaient
qu'à perdre la raifon. C'eft peut-être à caufe de cela qu'il n'y avait ni rime ni raifon
dans les poéfies de la chere Dame. L'obli-
geant Limefort eût fans contredit beaucoup
mieux aimé l'emploi d'entretenir la palette
& de nettoyer les pinceaux de l'aimable Fleur,
à laquelle il accordait bien volontiers l'a-
moureux hommage qu'un grand œil noir bru-
lant & mille autres charmes femblaient exi-
ger ; mais alors il était encore trop jeune
Moufquetaire pour ceffer d'être timide : d'ailleurs Fleur, à 17 ans & maniant les crayons
depuis l'enfance, n'avait encore de paffion
que pour fon art. A peine commençait-el-
le à fe fentir piquée d'une efpece de préfé-
rence qu'un charmant garçon femblait donner à Mad. Hanneton, chez qui, fans être
artifte, il devait s'appercevoir qu'il n'exif-
tait plus ni belles formes, ni fraîcheur....
Cher Lecteur ? j'allais, fans y faire attention,
tomber dans la faute que plus haut j'ai dit
vouloir éviter, & je m'embarquais infenfi-

blément sur le courant d'une tortueuse Nouvelle. N'ayez pas peur ; je reffaute sur le ri-
vage ; & vous n'effuyerez point la corvée
d'un Roman. — Le tableau d'Adonis expirant eut lieu : Mad. Hanneton eut la gloire
de *pofer* en façon de Vénus. Vous imaginez
bien que la jeune Artifte eut beaucoup de
peine à fe garantir de copier ce qu'offrait
avec autant de confiance que d'amour-pro-
pre la poftiche Divinité ? quelques études
fecretes, faites fur elle-même avant de fe
mettre au travail, orientaient bien mieux
fon talent, & lui fourniffaient les plus heureufes réminifcences. Auffi la chere Mere
était-elle dans un complet enchantement.
Quant à Limefort, Adonis incomparable,
il rempliffait l'objet à tourner les têtes de
ces deux êtres *ignés* qui, huit heures chaque
jour, s'enivraient du moins fcrupuleux
étalage de fes formes parfaites. Cependant,
quelqu'intérêt qu'eût Mad. Hanneton à né
pas perdre un feul moment de ces délecta-
bles féances, en dépit de la décence qui com-
mandait encore qu'*une Mere fût toujours là*,
parfois un éclair de verve faifait éclore dans
le cerveau de la Mufe quelque vers heureux
qui pouvait prédire l'accouchement pro-
chain d'une tirade tout entiere. Alors il fallait bien s'arracher malgré foi, courir au
fecrétaire, s'enfermer avec le génie, de peur

que la moindre distraction ne l'effarouchât
& ne le fît s'envoler... Ce fut à travers des
conjonctures si favorables à l'espiéglerie du
Sieur Cupidon, que celui-ci se fit un point
d'honneur d'égarer la jeune Dibutade & son
trop discret modele. Séduit le premier comme
de raison, l'ardent Limefort ne pouvait plus
rester en place dès qu'il se trouvait tête-à-
tête avec la desirable Fleur : grandes contes-
tations entr'eux d'abord, avant qu'il n'ob-
tînt qu'elle quittât dans ces heureuses oc-
casions la contrariante pallette : insensiblement ce fut avec moins de peine, bientôt
volontiers, bientôt sans qu'il fût besoin de
la moindre priere : en un mot, ce fut enfin à qui des deux *in petto* soupirerait le
plus, pour que la Maman fût souvent agi-
tée de son Démon versificateur... Il résulta
de tout ce galant tripotage.... un enfant.

On ne pensait plus gueres au studieux
Papa ; peut-être était-il aux Antipodes :
mais, voilà que sans avoir dit gare, il tombe comme une bombe au milieu de son
Parnasse domestique... Un valet effarouché
n'ayant pas eu la présence d'esprit de prévenir les Muses, elles sont surprises au fort
de la plus intéressante situation. Dans ce
moment, Venus chatouillant du bout de ses
pendillantes mamelles le sein d'albâtre de
l'expirant Adonis, cherchait encore à lui

fouffler, dans un divin baifer, une ame
nouvelle. M. Hanneton, gentilhomme affez
mal appris, nullement poëte, nullement
homme du monde, & qui n'a pas même
la docile pufillanimité d'un Savant, M. Hanneton s'avife de prendre la chofe de travers,
pour la premiere fois de fa vie il vient à
s'imaginer que fon honneur peut-être, eft
même de plus loin, grièvement compromis.
Il s'emporte, il jure, il s'égare au point de
frapper, comme un autre Diomede, Venus
qui n'héfite pas au furplus à lui jetter au
vifage des griffes un peu moins douces que
les doigts d'une Divinité. Par malheur,
Adonis, à travers fa prompte toilette, fe
trouve atteint de quelque éclaboufture, mal
en prend à l'imprudent Vulcain. On le roffe,
& voilà notre *Olympe en raccourci*, devenu
le théâtre d'un combat très vif, mais qui
par bonheur ne paffe pas les bornes du comique, & dont le plus grand inconvénient
eft que tous les gens du logis en font té-
moins. Les vitres ainfi caffées, & ces *têtes*,
les plus mauvaifes de Paris, ne faifant ref-
pectivement rien de ce qui pourrait civili-
fer la ridicule aventure, elle a bientôt dans
le quartier tout l'éclat poffible. Pour fur-
croît, l'état de la coupable Fleur vient
enfin à être découvert, & M. Hanneton
fait la fottife d'intenter un procès, afin que

Limefort *lave son injure en époufant*. Il arrive
delà d'abord que le pauvre Adonis est mis
provifoirement à S. Lazare de la part de M.
fon Pere : enfuite, que, le mariage n'étant
nullement fortable & l'obftiné Botanifte re-
fufant, comme un fot, de raifonnables dé-
dommagemens, l'engeance chicaniere, pour
qu'on foit délivré de lui, s'avife d'une di-
verfion. Il a déjà mis, avec efclandre, fa
femme au couvent ; elle s'eft pourvue en
féparation pour caufe de violences ; on la
foutiendra : de plus, comme il ne mit de
fa vie de l'ordre à rien ; comme, pour courir les champs, il a laiffé fes affaires très em-
brouillées ; comme Mad. Hanneton les a, depuis, empirées de fon mieux, on éveille
fes créanciers ; ils fe liguent, l'attaquent,
mettent le feu aux quatre coins de fa mince
fortune, lui ferrent le bouton & le forcent
enfin à déguerpir. Il pourra déformais her-
borifer tout à fon aife fur la vafte furface
de notre boule terraquée.

Pendant que le diable faifait ainfi des
fiennes chez l'imbécille Hanneton, la pauvre Fleur gémiffait prifonniere & cruelle-
ment traitée dans la maifon paternelle. Quand
il fallut en fortir, une fage-femme intrigante
la reçut chez elle ; cette commere s'intéreffa
tout de fuite auprès de quelques Béates de
la Paroiffe, & fe fit à elle-même un certain

bien en quêtant des secours pour sa malheureuse Pensionnaire, qui à la fin accou-
cha. Dans cette conjoncture, Mad. Secret fait
pour le mieux, l'enfant est placé, la mere,
soignée. Lorsqu'enfin celle ci touche à son
entier rétablissement, il s'agit d'aviser pour
elle aux *ressources.* Mad. Secret dit bien un
mot, en passant, de celles que procure in-
failliblement ce *tant doux péché qui.....*
Mais, au premier mot, la convalescente a
froncé le sourcil.... *ce n'était donc que par*
prétérition & pour mettre Mademoiselle en
garde contre le piege des plus séduisantes ap-
parences, que la sage femme avoit fait men-
tion de cette *horreur :* cependant, *elle est bien*
aise d'avoir sans dessein acquis une preuve du
vrai retour à la vertu, de la délicatesse, de la
piété que garantit une répugnance aussi mar-
quée pour ce dont tant de femmes fragiles,
une fois qu'elles sont tarées, font volontiers
leur pis-aller. Mieux vaut en effet moins d'ai-
sance, moins de plaisir, & plus de repos in-
térieur, plus d'estime de soi même & de cer-
titude du salut. Sur ce pied, *c'est la vie re-*
ligieuse qui convient uniquement à la nouvelle
Madeleine. Bientôt Mad. Secret *a trouvé,*
comme par la grace particuliere de Dieu,
certaine communauté où, pourvu que le passé
ne puisse être découvert, on recevra, sans dot,
une personne honnête, ruinée par des mal-

heurs & qui peut être utile par son édocation
& ses talens. —— A cette offre l'infortunée
Fleur s'entoufiafme ; c'oft le Ciel qui s'expli-
qué fans détour ; elle ne faurait affez tôt
voler où fes décrets l'appellent , la pieufe
clôture fera pour elle le Port du bonheur.
Il lui tarde d'arborer la guimpe propice ;
Ses feuls jours languiffans , malheureux fe-
ront ceux d'un inutile Noviciat qui , loin
d'éprouver , ne fera qu'enflammer davantage une vocation émanée d'en haut. Elle
part ; elle eft agréée , tondue , guimpée ; le
plus tôt qu'elle peut , elle prononce les
vœux terribles & folemnels. Jéfus-Chrift
n'a pas une plus ardente époufe ; ni le directeur une plus vétilleufe , une plus im-
portune Pénitente. Pour peu que cela dure ,
il faudra que Mère Conception obtienne
toute vive du S. Pere un brevet de fainteté.

Mais hélas ! quel befoin a donc cette créature à-peu-près célefte de la funefte inter-
vention d'un Pere Anaclet ! Pourquoi ne
prévoit elle pas les dangers de fa trop fréquente communication avec une groffe figure de Cordelier, aux impurs élémens, qui
vont vicier l'athmofphere d'amour divin ,
dont l'efprit-faint a fait à cette élue la grace
de l'entourer ! Quel malheur ! quel facrilege !
à la longue un homme bien terreftre, bien
lubrique, joufflu, vermeil, carré, pectoré,

musculeux, au lieu d'affermir la dévotion
de notre fervente None, la corrompt, l'é-
gare, & lui fait... enfreindre le plus important de ses vœux: la détournant en un mot
tout-à-fait des *voies du salut*, il la ramene
grand train sur le penchant rapide qui conduit à coup sûr aux éternels abîmes de l'enfer. Dès lors Mere Conception déteste un
état ci - devant chéri. Elle abhorre ses ser-
mens & ses chaines. Son consolant, son in-
fatigable Pere spirituel meurt, on ne sait à
propos de quoi, si ce n'est peut-être des
fatigues de sa direction fortunée, car plus
d'une révérende Mere avait part à l'exten-
sion abusive de ses onctueux devoirs. Pour
comble de malheur, un noble Poupet,
épaulé par des Douairieres de Versailles, à
peine sorti du Séminaire, frêle, grêle, blê-
me, à la poitrine délicate, vivant de pâte
de guimauve & de sirops, succede, contre
le vœu de tout le Couvent, au personnage
le plus essenciel! On enrage: un désespoir
secret s'empare de plusieurs: la révérende
Mere Conception est la plus outrée: il se
prépare une révolution; on se conjure: notre
Héroïne est à la tête & souffle l'exaltation
dans les cœurs trop lents à s'empassionner
d'audace & de liberté. Bref, une belle nuit
le feu prend aux quatre coins du saint
bercail... C'était en Province & même dans

une garnison. —— Au premier son de la cloche
d'allarme , les secours volent de toutes
parts..... Mais , puisque c'est aux Ursulines
qu'est arrivé le malheur, chaque jeune Of-
ficier , sans s'être concerté sur ce point ,
s'apprête à diriger sa pompe vers de petits
foyers particuliers où sans doute un secret
incendie , quoiqu'à petit bruit , doit faire
de bien plus intéressans ravages. L'oft du
Seigneur est bientôt pris d'assaut par cette
bouillante Jeunesse... O prodige ! ô bonheur ! la premiere victime que le désordre
général livre au cher Limefort , l'un des
héros de l'aventure... c'est Fleur ! c'est Mere
Conception qu'il n'aurait garde de reconnaître, mais qui l'a reconnu de dix pas ; qui
se précipite dans ses bras , qui l'étreint, l'a-
dore, le dévore & le conjure *de l'enlever,*
s'il ne veut qu'à l'instant à ses yeux elle courre
se précipiter dans le plus terrible des brasiers
qui consument à l'envi la sainte Maison. S'il
hésitait , elle serait assez folle pour exécuter
ce dont elle le menace ; l'humanité triom-
phe. Il vient à bout, non sans peine, d'es-
camoter , à la faveur d'un chapeau d'unifor-
me & d'un manteau verd, sa conquête dé-
guimpée qu'il emporte criant que c'est un
camarade qui vient d'être blessé par la chûte
d'une poutre , & dont l'état exige un prompt
secours. Comme en même tems tout se consu-

me ou s'écroule autour d'eux ; comme chacun
pense à soi, ne s'amusant gueres à contrarier
les autres, Mere Conception, dragon im-
promptu, & nombre d'autres, par différentes
rufes, font arrachées de leur odieufe prifon.
Un tiers du Couvent prend ainfi fon effor :
tout le refte à-peu près eft plus ou moins
pollué, ou fe défefpere de n'avoir aucune
part aux bénéfices de cette indulgence-plé-
niere. Cette nuit fameufe, cher Lecteur,
fut, pour notre criminelle autant qu'heureufe héroïne, l'époque d'un nouveau titre
à la maternité. — Cependant le lendemain,
les têtes font un peu réfroidies, on tâche
de raffembler les Nones difperfées ; leurs
galans ravifleurs font en quelque façon priés
de les rendre telles qu'elles fe trouveront ;
plufieurs de ces ex-vierges reparaiffent d'affez bonne grace. Quelques-unes forcent à ce
qu'on les ramene d'autorité... Mais une furtout, une feule ne peut rifquer de rentrer...
plutôt mourir. C'eft Mere Conception, c'eft
celle qui d'une main fcélérate a porté de
fang-froid la flamme dans le grenier à foin.
Mille voix publient déjà fon crime : mille
tourmens l'attendent, ou peut-être la mort...
Et bien s'il faut périr, que je périffe libre,
dit-elle ; *je ne me recloître plus.* On fent ce
que tant de courage doit donner d'embarras
à l'humain, galant, mais par trop imprudent

receleur. == *Me fauver, ou m'égorger, ou
me voir prendre moi même cette peine. Je ne
te laiffe que deux jours pour le choix.* == Elle
n'a pas d'autre refrain. Cependant le tems
coule & les délais fe multiplient. Au bout
d'un mois, Limefort, clairement averti de
l'honneur qu'il a d'être Pere pour la feconde fois, fent plus douloureufement les
épines mêlées à fa couronne de rofes, &
pourtant il n'a pris encore aucun parti dé-
cifif. La None commence à le preffer, elle
craint également ou qu'il ne vienne à perdre la tête, ou qu'il ne médite peut-être
quelque trahifon. Il en eft pourtant bien
incapable : les précautions qu'exige la pruden-
ce font méconnues par une créature violente
qui les prend tout au moins pour une conduite molle, fi elles ne font pas un indice
d'ingratitude & de manque d'attachement.

Une nuit, pendant que Limefort était de
fervice, fon amante, fa Furie a difparu. ==
Comment ? pour aller où ? — fans argent !
fans hardes ! S'eft elle peut-être donné le
coup de la mort ? ou jettée dans la riviere
qui coule fous les fenêtres de fa chambre
écartée ? Sur tout cela, pas l'ombre d'un
éclairciffement pendant treize ans.

Cette cruelle incertitude a caufé fans contredit à l'honnête raviffeur un chagrin bien
vif & de longue durée. Cependant, il fervait,

il voyageait, il eſt beau ; des femmes le diſ-
tinguaient, s'emparaient de lui, l'occupaient
&, ſans de grands efforts, accumulaient de jolis
ſouvenirs ſur celui déchirant de Mere Conception, ſi aimante, mais ſi folle & ſi dan-
gereuſe : avouons qu'au bout de trois ans
il n'y penſait plus.

Faut-il ajouter, Lecteur, que l'Etrangere
qui déjà par les ſoins de Durut, s'eſt abouchée
avec le Marquis de Limefort, c'eſt notre
Démon guimpé, notre Eroſtrate femelle ?
Avouez que vous l'aviez deviné ?

QUELS JEUX DU SORT !

QUATRIÈME FRAGMENT.

La Scène est à l'hospice, chez Mad. Durut.

LE MARQUIS DE LIMEFORT (*a*), MAD. DURUT.

LE MARQUIS, *entrant & avec humeur.*

Bon jour, Durut. —— Que cinq cents mille diables puissent emporter ton habitant de l'Isle Bourbon & la mission indéchiffrable dont cet original s'est chargé. je le vis hier pour la troisieme fois, & j'en suis encore à savoir ce qu'il me veut.

(*a*) On s'apperçoit en imprimant ceci qu'au portrait du Marquis page 38 du sixieme N°. on ne lui a donné que 32 ans. C'est une faute typographique bien essencielle à corriger. Il a 38 ans. Un chiffre mal formé dans le manuscrit a causé cette erreur. (*Note de l'Editeur.*)

MAD. DURUT.

Te voilà d'une belle colere.

LIMEFORT.

A quoi doit enfin aboutir cet éternel rabachage au sujet de Mlle Fleur, jadis peintresse, depuis religieuse, ensuite errante & enfin établie à deux mille lieues d'ici? — Elle y a fait fortune, dit-on? Grand bien lui fasse. — Je lui ai fait, à différentes époques, deux enfans. — A la bonne heure : je ne disconviens pas d'avoir fait ce qu'il faut pour cela. Mais sait-on jamais au juste....

MAD. DURUT.

Oui, certes : Qu'on est l'en...en...fant de quelqu'un. (*Elle a contrefait Brid'oison dans la folle Journée.*)

LIMEFORT.

Quelle bisarrerie, de prétendre que je dois m'évertuer à rechercher cette marmaille. — Qui sur la terre pourrait me donner le moindre indice, d'abord au sujet du premier enfant né pendant que j'étais en prison à S. Lazare pour ma récompense de l'avoir fait...

MAD. DURUT.

Mais, parle donc sans t'essouffler mal-à-propos.

LIMEFORT.

Tu en juges bien à ton aise ; mais, quand tu sauras tout... Non : c'est pour mon tourment que l'enfer jetta un beau jour sur la

terre un être qui devait influer en malheur
fur tout le tems de ma vie...

MAD. DURUT.

Voilà Monfieur veuf, jouiffant de quaran-
te bonnes mille livres de rente, à la fleur
de fon âge, bandant mieux que jamais, &
pourtant il voudra qu'on le plaigne.

LIMEFORT.

A tout le moins fans doute d'être cocu
tout chaud de la part de Mlle Violette avec
je ne fais quel bardache que ton indien maudit entretient fous la forme d'une maitreffe...

MAD. DURUT, *avec intérêt.*

La bonne folie! Conte-moi cela, Marquis.

LIMEFORT.

Dès la premiere fois que je vis chez lui
ton original protégé, j'avais remarqué certaine jeune perfonne de la plus féduifante
tournure... Je ne favais où diable j'avais vu
cette mine là. (*a*).

MAD. DURUT, *finement.*

Par ma foi, j'ai cru moi-même avoir vu
comme toi cette jolie coquine je ne fais où.

(*a*) Limefort qui connaiffait très bien, de nom,
Belamour, & l'avait même vu à la volée avant d'é-
migrer, ne pouvait le reconnaître au bout de fix
mois, le bambin ayant grandi de deux pouces, &
l'habit féminin l'exhauffant encore davantage.

LI

LE MARQUIS.

Quoi qu'il en foit, c'eft un garçon & j'en tiens de la part de ce Beau-fils. —— Voici l'enclouure. —— Pour mes péchés, j'avais mené mon prétendu Joquey avec moi lors de ma premiere apparition chez ton homme, voulant lui rendre fa vifite. Comme mon cabriolet était entré, je ne trouvai point mauvais que Violette quittât la voiture & montât à l'appartement. —— Nous devions caufer d'affaires fecretes, l'indien maudit & moi : Mlle Béatrix avait donc été renvoyée...

MAD. DURUT.

Aye, aye : j'entrevois ici du *micmac*.

LE MARQUIS.

Croiras-tu, ma chere Durut, que dès cette premiere fois il y eut entre nos fubordonnés quelque petite infamie d'effayée! Le foir, Violette, croyant m'amufer infiniment, me raconta qu'à la faveur de fon coftume mafculin elle avait donné bien de l'embarras à la maîtreffe de notre homme, laquelle après s'être vigoureufement défendue, aurait pourtant fini par céder, fi l'on avait eu de quoi pouffer à bout l'aventure.. Ici je m'avifai de crier *à la fatuité*. Pour me prouver qu'on ne mentait pas, on me montra deux ou trois poils foigneufement recueillis dans un papier, & qui devaient être du crû de la Donzelle.

7.   E

66   A P H R O D I T E S.

MAD. DURUT.

Oh bien : dèslors tu en avais fur la tête, mon cher.

LIMEFORT.

Laisse-moi t'achever le récit de ma sotti-se. Il me vint alors l'imbecille pensée qu'au moyen de mon entreprenant Joquey, je pourrais tirer, à Mlle Béatrix les vers du nez, & découvrir ainfi la vérité de plufieurs cho-ses fur lefquelles il me femblait que l'Etran-ger s'enveloppait beaucoup trop dans la con-verfation. Violette alors d'accepter avec tranf-port la commiffion, & même d'offrir d'al-ler furtivement à la pifte, afin de nouer une intrigue en bonne forme avec les *me-nues-joies* du fieur Vand'hour. *(a)*

MAD. DURUT.

Belle politique ! après.

LE MARQUIS.

Au bout de trois jours, & c'était hier foir, ce n'eft pas fans étonnement que, des mains de Violette, elle-même, je reçois un billet, de Vand'hour, dont la petite eft fans doute bien éloignée de deviner le contenu. L'indien m'y priait *de ne plus envoyer mon infame de Joquey, vu très diftinctement en flagrant délit avec une domeftique de l'hô-tel...* fans nommer qui. — Je me compo-fe... = Quelle eft donc, Violette, cette do-

_____

(a) Nom fuppofé que l'Etrangere avait pris.

meſtique avec qui l'on vous a vu tantôt ? ⟹
Au lieu de conſerver de la préſence d'eſ-
prit, elle ſe trouble, elle balbutie. — Mais,
bon ami ! c'eſt avec Mlle Béatrix apparemment que je jouais... Ne m'avez-vous pas
recommandé... — Aſſurément : mais vous
êtes donc, en qualité d'amant, bien plus
avancée dans vos affaires que vous ne me
faiſiez l'amitié de me le dire ? ⟹ Le ſérieux
de mon ton, mon regard obſervateur ache-
vaient de déconcerter la fauſſe innocente.
Elle vient à penſer que je ſuis inſtruit peut-
être de tout... Elle tombe à mes genoux...
pleure, ſanglote, ſuffoque : ⟹ Eh bien ? —
Pardon, pardon, bon ami. C'eſt un malheur... mais c'eſt uniquement par ta faute...
il s'eſt trouvé que... que... — Que ? — Mlle
Béatrix eſt un garçon &... comme je n'étais pas
la plus forte... — Coquine ? ai-je interrompu,
feignant plus de colere que je n'en avais, & tu
le ſus pourtant, dès le premier jour, que
c'était un garçon : ces poils ? Et pourtant tu
fus enchantée de la commiſſion que je te
donnais ?... — Bon ami ! pardon.

M A D. D U R U T.

Ainſi, dès cette premiere fois, Mlle Violette avait été baiſée ! Je m'en doutais.

LIMEFORT, *n'oſant le nier.*

Muette, écraſée, elle eſt tout-à-fait à terre privée de l'uſage de ſes ſens : je la ſecours :

je déboutonne tout ce qui peut la gêner. La
curiofité me prend de voir le bas de fon
linge. Il eft en effet fouillé d'une ample &
toute fraiche reftitution, qui ne me permet
aucun doute fur la nature & la fréquente
récidive de ma duperie....

MAD. DURUT, *très joyeufe.*

Tu ne faurais imaginer combien ton hiftoire a pour moi de piquant : combien elle
m'amufe.

LIMEFORT.

Va te promener : au lieu de me plaindre...

MAD. DURUT.

Pourfuis.

LIMEFORT.

Il me reftait cependant un fcrupule : cette fi jolie & fi féminine créature,.. que je t'a-
voue n'avoir pas vu la premiere fois fans
bander, je ne pouvais me perfuader qu'elle fût mâle en réalité. „ Violette, dans fon
égarement, aurait-elle mieux aimé fe con-
feffer d'une bonne fornication que de quelque tribaderie peut-être à laquelle elle atta-
cherait plus de honte ! „ Elle eft mieux : je
la renferme & cours au même inftant chez
Vand'hour. De fortune il était forti. Je de-
mande Mlle Béatrix, fous prétexte que je dois
faire favoir à fon ami quelque chofe d'important, & que je ne pouvais d'ailleurs re-
paffer de toute la foirée. Je monte; je fuis

reçu. Galant un moment, bientôt je suis
téméraire. On veut faire des façons, je leve alors le masque. == Pas tant de résistan-
ce, mon petit ami, dis-je d'un ton fort
sec... il s'agit d'éclaircir... == Hélas! en même tems je sais tout... La postiche Béatrix
perd la tramontane & se croit à sa derniere
heure...

MAD. DURUT.

Pauvre petit!

LE MARQUIS.

Mais admire, Durut, le charme du costume, ou plutôt l'aimant de cet âge équivoque qui sépare notre enfance de la pu-
berté. La cuisse du petit drole est si douce...

MAD. DURUT, *contrefaisant.*

Si douce!

LE MARQUIS.

Sa mine est si piquante; je crois même lui
voir si bien un faux air de cette Violette, que
tout de bon j'aime encore comme un fou
quoiqu'elle m'ait attrapé...

MAD. DURUT, *s'impatientant.*

Eh bien, eh bien?

LE MARQUIS.

Ma tête en un mot se trouve si fort montée...

MAD. DURUT, *interrompant.*

Et le reste sans doute en si belle disposi-
tion, que tu le *mets* à la fausse Beatrix?

LE MARQUIS.

Ma foi, tu l'as dit. — Et cependant, ma chere Durut, je te jure que je ne suis pas *Bougre.*

MAD. DURUT, *ironiquement.*

Fi donc! comment t'en soupçonner!

LE MARQUIS.

Tu sais l'horrible dégoût que j'eus toujours pour semblable vilenie, presque même avec les femmes.

MAD. DURUT.

Dégoût, que pourtant, si j'ai bonne mémoire, tu surmontas avec moi même.

LE MARQUIS.

Souviens-toi que tu m'en priais. — Mais, pas avec une douzaine de plus.

MAD. DURUT.

Excusez du peu!

LE MARQUIS.

Quant à cette derniere infamie, je veux dire avec un garçon : jamais cela ne m'était arrivé, je t'en donne ma parole d'honneur.

MAD. DURUT.

Et... la donnerais-tu qu'à l'avenir...

LE MARQUIS, *interrompant.*

Ah! que la foudre m'écrase, si...

MAD. DURUT, *le faisant taire.*

Chut. — Ingrat! tu allais outrager le plaisir. — Apprenez, s'il vous plait, M. le Marquis, (qui n'êtes pas Bougre) qu'en fait d'extravagance il ne faut jamais jurer de rien,

& qu'il n'y a que les fots qui rompent de gaîté de cœur la moindre corde de leur arc.

— Ça? de la bonne foi, maintenant : comment t'es-tu trouvé de ce caprice?

LE MARQUIS.

Tu me railles, n'importe. J'avoue de ne pas m'en repentir; & de le compter au nombre de mes plus piquantes fredaines.

MAD. DURUT.

Et voilà que je reconnais l'homme de bon fens; l'Aphrodite en un mot. (*On fiffle.*) Quelqu'un furvient : (*elle ouvre le cabinet où fe réfugierent un jour Loulou & Zoé.*) Paffe là dedans pour attendre, ou t'en aller fi le tems vient à te durer.

LE MARQUIS.

J'attendrai, ne t'ayant pas dit la moitié de ce qui faifait l'objet de ma vifite.

MAD. DURUT, *l'enfermant.*

Eh bien, patience.

MAD. DURUT, VAN-D'HOUR. (*)

MAD. DURUT, *très haut.*

Ah! bon jour, M. Vand'hour.

(*) VAND'HOUR: il revient au lecteur le portrait de cet amphibie qu'il ne convenait pas d'efquiffer plus tôt de peur de gâter la fcene d'équivoque, pre-

VAND'HOUR, *d'un ton véhément.*

Bon jour, ma chere Durut, je suis dans une fureur... (*Durut lui fait des signes de silence que Vand'hour trop préoccupé n'interprete point. — Il prend brusquement un siege & se place.*) L'enfant que tu m'as procuré est un ange quant à la figure, mais un petit dépravé...

MAD. DURUT, (*avec les mêmes signes.*)

Calmez-vous de grace.

VAND'HOUR, *allant son train.*

Tu vas être indignée toi-même quand tu sauras que je l'ai vu... vu de ces deux yeux,

---

miere du troisieme fragment de ce Numéro. Vand'hour, le même que l'étranger, petit en homme, est une assez grande femme, brune des cheveux, mais blanche de peau. Elle est un peu pâle : mais les yeux font vifs, exigeants ; les levres fraiches ; les dents complettes & blanches : & le mannequin plus dodu que maigre aurait de la tournure sous un costume qui ne serait pas le masculin, d'une coupe étrangere, ample à dessein, couleur d'olive & décoré d'un large galon d'or. Le chapeau retapé à la vieille mode, & la perruque noire à l'anglaise achevent de composer l'apparence d'un homme sur le retour. En dépit de tout cela, Mlle Fleur d'autrefois, en femme, serait encore digne qu'on fît sa partie avec quelque intérêt, Belamour, au plus bel âge l'a fait, d'abord *par devoir*, ensuite aussi *par besoin*; car, à 16 ans, ou le *mettrait* au Diable lui-même s'il montrait un *con* en belle humeur.

qui faisait une chose horrible avec ce petit
bandit de joquey, introduit chez moi par
Limefort.

MAD. DURUT, *redoublant de signes.*

Il faut être bien sûr de son fait avant de
porter un jugement. Je gagerais moi...

VAND'HOUR, *plus irrité.*

Tu me ferais sauter par la fenêtre. —— Je
ne suis pas sûre peut-être que mon faux in-
nocent agissait, que l'infame petit *hardache*
l'endurait de tout son cœur ! & je n'ai pas
vu de plus qu'après cette saloperie digne du
fagot, ils se sont dévorés des plus amoureu-
ses caresses...

MAD. DURUT, *continuant ses signes.*

Cela devait être bien intéressant : car il
n'y a pas au monde un plus joli couple. Cependant je mettrais ma tête au feu qu'il y
a dans tout ceci du quiproquo... (*Durut*
affecte encore plus.)

VAND'HOUR, *avec humeur.*

Mais que signifient donc ces mines, ces
gestes & ces clignotemens perpétuels ?

MAD. DURUT, *lui serrant la main.*

Parlons... pour cause, avec modération...
(*baissant le ton*) & plus bas.

VAND'HOUR, *moins vivement.*

Je ne croyais pas, Durut, que vous fus-
siez de cette indulgence pour la plus exécra-
ble corruption.

MAD. DURUT, *avec impatience à son tour.*

Oh ! si vous le prenez comme cela, si vous ne voulez rien entendre à demi-mot, il faut bien que je m'explique : (*presque bas*) le Joquey de Limefort est une fille... & ce que vous avez vu... était par conséquent la chose du monde la plus naturelle...

VAND'HOUR, *haut.*

Je ne prends pas ainsi le change : & l'attitude...

MAD. DURUT, *bas.*

D'une fille en culotte, qui ne peut mieux se poster qu'en se présentant en *levrette*...

VAND'HOUR.

Ah, Durut ! que m'apprends-tu là... Me voilà bien plus malheureuse...

MAD. DURUT.

(*Se hâtant de lui serrer la main, & bas.*) *Malheureux*.... toujours *malheureux*. Vous êtes un homme, (*Vand'hour paraît stupéfait,*) homme, souvenez-vous en bien pour un quart-d'heure encore.

VAND'HOUR, *très brusquement.*

Ah ! tant d'équivoque me passe & m'excede enfin. Quoi qu'il en soit, j'ai le cœur trop gonflé pour pouvoir renfermer ce qui l'oppresse... Durut ! le petit ingrat m'est infidele ! il a pu se communiquer à quelque autre que moi !

MAD. DURUT, *pliant les épaules.*

De la jalousie !

VAND'HOUR, *versant quelques larmes.*

Je sens que j'aurais pu pardonner à ce sale caprice dont je m'étais fait illusion. Mais le Monstre !... J'égorge la petite scélérate...

MAD. DURUT.

Chut. (*à part.*) Elle est folle !

VAND'HOUR, *s'animant.*

M'associer:.. une morveuse, qui n'a ni beautés formées, ni maturité de vocation & de moyens ! (*) c'est exprès pour désespérer les gens que de pareils avortons se mêlent de *foutre*... au lieu de faire des poupées...

Tant de sottise & de ridicule met la bonne Durut hors des gonds... Elle ne peut se retenir de marquer par des gestes, presque impolis, combien cet entretien l'embarrasse &

(*) C'est une consolation pour les Matrones que d'imaginer qu'elles doivent, à raison de leur habile expérience & de la multitude de leurs exploits, éclipser ces novices qui n'en sont qu'à l'a, b, c, du métier de Catin. Les Barbons ont aussi la prétention de se croire plus propres à donner aux connaisseuses des plaisirs dont, à la vérité, ils ne peuvent autant multiplier le procédé que le fait, en se jouant, la brûlante adolescence: mais *la qualité* ! c'est sur ce point important que s'échaffaude l'orgueil risible des presqu'invalides Cardinaux du clergé de Vénus. O folie !

*l'obſede... — Heureuſement, un billet venu
par le tour, (dont chaque piece eſt pourvue)
tombe aux pieds de la ſurintendante & fait
diverſion :*

M A D.   D U R U T.

Vous permettez bien...

V A N D' H O U R.

Un mot auparavant. — Je ſuis par malheur folle du petit gueux qui m'a trahie ;
&, pour m'aſſurer à jamais ſa poſſeſſion,
dût-il m'en coûter le repos... peut-être hélas de toute ma vie qu'il pourra fort bien
aſſaiſonner de malheur... je ſuis décidée à
l'épouſer...

M A D.   D U R U T, *croiſant les bras.*

A l'épouſer, M. Vand'hour.

V A N D' H O U R, *avec humeur.*

Vand'hour, Vand'hour : Quittez , Mad.
Durut, cette affectation qui commence enfin à m'offenſer. Oui : je veux épouſer, &,
qui plus eſt, rendre maître de toute ma fortune très conſidérable ce funeſte poliſſon
dont vous m'avez fait préſent pour que la
tête me tournât...

M A D.   D U R U T, *ſechement.*

A votre aiſe , Madame.

Elle rompt le cachet du billet & lit : Van-
d'hour parcourt la chambre avec une pétu-

lante inquiétude. — Cependant, en paffant
en revue avec diftraction quelques cadres
égrillards fufpendus aux panneaux de la boi-
ferie, il chante une vieille chanfon dont le
premiers vers eft :

Oui, vous en feriez la folie...

Durut, fa lecture achevée, prend un air
recueilli, vient à Vand'hour ; le faifit d'une
main, & l'amene vers fon fiege : ils font
affis.

V A N D' H O U R.

Oh, oh! Que fignifie toute cette préparation ?

M A D. D U R U T.

Que le Sort prend foin de vous & veut
vous épargner d'infignes extravagances ; il
éclaire vos pas fur le bord d'un précipice
où vous alliez vous jetter de gaîté de cœur...
lifons enfemble cette lettre...

V A N D' H O U R, (*ayant jetté les yeux fur la
feuille.*)

Lifez vous-même, cela eft griffonné à faire horreur.

M A D. D U R U T, *lifant.*

,, Oui, Madame : vous ne pouviez vous
,, adreffer mieux pour favoir ce que font
,, devenus, après leur naiffance, les deux
,, bâtards de Lucette Hanneton, de fon vi-
,, vant fille du fieur Gilles Hanneton, écu-
,, yer, & de Dame Nicole Foutin fa légiti-

,, me époufe. Ce fut moi-même, ma bra-
,, ve Dame, qui portai aux Enfans-Trou-
,, vés, bon jour, bonne œuvre, la veille
,, de Noël 177... un marmot qu'avait pon-
,, du chez moi ladite Lucette furnommée
,, Fleur, déclarant qu'il était des œuvres
,, d'un Marquis défigné par fes noms de
,, baptême de Roch, Balthafar, Marcel...
,, Or, un Marquis! puifqu'on ne donnait pas
,, le nom de famille, il paraît que cette
,, brillante déclaration était une bourde...,,

VAN D'HOUR, *fe récriant.*

Une bourde!... on faura bien prouver
que c'était la vérité...

MAD. DURUT.

Patience donc : & fuivons la lettre. (*Elle
lit*) ,, Comme je fuis de Lorraine, l'idée me
,, vint de marquer l'enfant (avec de la pou-
,, dre à tirer & de l'eau-de-vie) d'une croix
,, de mon pays, à deux branches, ainfi que
,, vous favez? C'était fous le bras gauche,
,, près de l'aiffelle. L'enfant fut nommé fur
,, les fonts Bonaventure, Noël.... ,, (*ceffant
de lire*) — Je fais déjà maintenant où celui-ci fe trouve.

VAN D'HOUR, *vivement.*

Et vous me l'indiquerez ?

MAD. DURUT, *fouriant.*

Rien de plus facile, affurément.

VAND'HOUR.

Quel bonheur ! après.

MAD. DURUT, *lifant.*

,, Quatre ans plus tard, un jour que par
,, hafard je me rencontrais aux Enfans-Trou-
,, vés, on y apporta une petite fille à peine
,, affez enveloppée pour ne pas mourir de
,, froid. A fes langes tenait avec une épin-
,, gle, cette note : Mere, *Lucette, Fleur
,, Hanneton* ; Pere, *Roch, Balthafar, Mar-
,, cel, Marquis...* Sans autre nom encore.
,, Mais cette fois je ne fus où prendre la
,, mere. L'enfant avait été ramaffé fur le
,, perron de l'oratoire, rue S. Honoré... ,,

VAND'HOUR, *la larme à l'œil.*

Funefte mifere d'alors !... ô Providence !
que ne te dois-je pas aujourd'hui !...

MAD. DURUT, *lifant.*

,, Si eft-il, ma brave Dame, qu'au reçu
,, de la chere votre j'ai pris un fiacre, & me
,, fuis tranfportée à l'hôpital... Ah ! j'allais
,, oublier de vous dire que dans le tems, on
,, nomma la petite, *Madeleine Cœur,* par-
,, ce qu'elle était bien jolie : or, je propofai,
,, puifqu'elle était des mêmes Pere & Me-
,, re que Noël, qu'on la marquât de même,
,, ce qui fut auffitôt éxécuté. Je difais donc
,, qu'ayant reçu l'honneur de vos lignes,
,, j'ai couru m'informer de ce qu'il en était
,, des deux enfans en queftion. Il fe trou-

,, ve qu'ils font tous deux bien placés par
,, les foins du loyal & refpectable M. Ma-
,, dré, l'un des infpecteurs, qui fe fait un
,, plaifir de tirer de tems en tems de ce pur-
,, gatoire quelques innocentes créatures pour
,, qui du pain & un métier font le Para-
,, dis... ,,

VAND'HOUR, *avec impatience.*

Que de verbiage! M. Madré aurait bien
dû laiffer mes enfans où ils étaient; où les
trouver maintenant! Eft-ce tout?

MAD. DURUT, *ployant la Lettre.*

Quelque bavardage encore qui ne fignifie
rien & que Mad. Secret n'a pas trouvé bon
de figner. Eh bien, Madame? car vous l'a-
vez voulu: il ne fert plus à rien de faire
femblant, (à caufe de *celui qui nous écoute*)
d'entretenir M. Vand'hour... (*Elle va pour
lors ouvrir la porte du cabinet.*) Paraiffez,
Marquis.

LES MÊMES, LE MARQUIS DE LIMEFORT

LUCETTE, (*qui n'eft plus Vand'hour.*)
O ciel!

LIMEFORT, *d'un air trifte.*

J'ai tout entendu, Durut... Le Deftin nous
joue donc une piece fanglante... Violette à
cette croix.

MAD.

MAD. DURUT, *à Lucette.*

Et Beatrix a la pareille, Madame. Il eſt votre fils... le joquey Violette eſt ſa ſœur.

LUCETTE, *criant & ſe bouchant les yeux.*

L'horreur! (*Elle tombe ſans connaiſſance. Mad. Durut ſonne pour Céleſtine qui va bientôt ſurvenir.* — *Tout en aidant à donner du ſecours*)

LIMEFORT *dit,*

La malheureuſe ne ſent rien comme une autre... Quelque jour un excès de ſenſibilité la fera mourir ſubitement... (*ſilence.*)

MAD. DURUT, *ſecourant.*

Ce ne ſera rien... la couleur reparaît, l'œil clignote & va ſe r'ouvrir... (*ſilence.*)

LIMEFORT.

Ces convulſions m'allarment...

MAD. DURUT.

Elles annoncent au contraire le retour de la circulation. (*Silence.*) A bon compte, M. le Marquis, (qui n'êtes probablement pas plus paillard que bougre) vous avez *eu* votre fille & votre fils...

C'eſt le moment où Lucette reprenait l'uſage de ſes ſens : elle eſt frappée des dernieres paroles de Mad. Durut.

LUCETTE, *repouſſant Limefort.*

Qu'ai-je entendu! crime ſur crime! ôte-

7.   F

toi, monſtre ! ou plutôt... (*elle montre un poignard*) viens, que je t'apprenne comment on lave tant d'infamie, & ſuis mon exemple... Vois...

Mad. Durut & Limefort ſont aſſez heureux pour prévenir le coup dont la délirante Lucette eſſayait de ſe frapper. Limefort arrache & jette au loin le poignard, qui va tomber aux pieds de Céleſtine comme celle-ci mettait le pied dans le ſallon.

Céleſtine, d'abord aſſez effrayée pour qu'elle ait jetté un cri très vif, s'eſt bientôt non ſeulement raſſurée, mais fort divertie des biſarres & ridicules chances, qui ont plongé juſqu'au cou dans l'inceſte le Pere, la Mere & les deux enfans. De l'humeur dont elle eſt, tout ce *culetage* fortuit lui ſemble la plus drole choſe du monde. Les anciens amans eux-mêmes (quoiqu'il n'exiſte plus entr'eux, ſurtout du côté de Limefort, l'ombre de quelque ſympathie), finiſſent par ſe ſourire ; ſe familiariſent avec l'idée de leur étrange poſition & conviennent qu'ils doivent remercier le Deſtin *d'avoir tout fait pour le mieux à leur égard.*

Maintenant, Lucette n'a plus beſoin de ſoutenir ſa métamorphoſe : graces aux reſsources de l'hospice, elle est au bout d'un quart-d'heure dans le complet costume d'une femme ; elle y paraît avec avantage & même un peu plus que *désirable* encore.

Cependant on est convenu de passer réunis le reste de cette mémorable journée. D'abord, on a fait entrer le Joquey-Violette, qui était quelque part à garder le cabriolet de Limefort. Violette, au premier moment, ne reconnaît pas, sous la nouvelle forme que sa mere a prise, le rébarbatif & courroucé Vand'hour. La petite jouit donc sans trouble des premieres caresses que lui prodigue une tendre & vive inconnue, la nommant *sa chere fille*, & lui ordonnant d'embrasser, sous le nom de *Pere*, celui que mille fois l'aimable enfant a baisé sous le nom *d'amant*. A bon compte elle ne sait pas trop ce que signifie cette scene extraordinaire.

Tandis que les choses se passaient ainsi dans l'hospice, une voiture volait vers Paris pour amener Belamour-Béatrix. On l'enleve : le pauvre petit avait craint au premier moment de se voir privé de son agréable poste, & rejetté dans l'obscurité du service domestique. Pendant le trajet il s'en était peu fallu qu'il n'essayât de s'enfuir à travers la campagne : mais il avait pourtant préféré de se confier au Destin. Etait-il d'ailleurs si malheureux dans son état de *premier*

Camillon! & ne retrouvait-il pas, dans tous les cas, sa protectrice, la charmante Célestine! il est arrivé : son étonnement est moins grand que celui de Violette quand il retrouve, sous des habits convenables, sa bienfaitrice, sa compagne de lit, M. Vand'hour. Il n'est frappé que de l'indulgence qu'on lui témoigne, quand il se croyait assez mal & dans les papiers du faux Indien & dans ceux du violateur Limefort; quoique celui-ci se fût vengé de maniere à ne pouvoir plus garder rancune. Loin de là, c'est à qui le caressera davantage : les noms touchans de *Pere*, de *Mere*, de *Fils*, de *Fille*, de *Frere*, & de *Sœur*, voltigent de bouche en bouche, se confondant avec les plus tendres baisers.

A la suite de cette effusion de *sentimens*, on confie les jeunes gens à Célestine, afin qu'elle fasse revêtir à chacun l'habit qui lui convient. La friponne profite de cette occasion pour s'amuser un moment : elle va se payer de ses soins par la satisfaction d'un libertin caprice. C'est chez elle : Violette & Belamour y sont déshabillés & mis insensiblement en état de pure nature. Chemin faisant elle leur a défini, d'une façon burlesque, quels nouveaux rapports allaient exister entr'eux. D'abord, les bons enfans s'en désolent : ils trouveraient si doux de demeurer *étrangers par le sang & à leur petit courant!*

Mais Céleſtine, accommodante caſuiſte, a
bientôt fait de lever leurs ſcrupules. Bien
plus, elle les engage fort à *s'avoir* en dépit
de la fraternité, toutes les fois qu'ils pour-
ront ſe permettre cette joie. Et, pour caſ-
ſer la glace tout de ſuite, elle fait de ſes genoux une lice, ſur laquelle l'ardent Belamour
eſt ſoudain obligé de rompre une lance avec
la divine petite ſœur : Voilà, leur dit-elle,
la plus douce & la moins chimérique de tou-
tes les reconnaiſſances. Quatre glaces font
écho, répétant, non le reproche, mais l'é-
loge de leur joli crime. Cependant l'ordon-
natrice s'eſt tellement embraſée elle-même
à ce ſpectacle, qu'il lui convient de faire
appeller Fringante, pour la ſuppléer à la
toilette ordonnée. Céleſtine, alors, va,
toujours courant, ſupplier Alfonſe (qui de
fortune eſt dans l'hoſpice) de jouer pour elle
à grands flots de ſa pompe foulante, afin
d'éteindre le feu dont ſon ſang eſt dévoré. ——
Fringante, à ſon tour, ne viendrait point à
bout de ſa commiſſion, ſi elle gardait enſem-
ble les petits enragés qui, craignant de ſe trouver peut-être pour la derniere fois *en bon-*
ne fortune, ſongent bien plus à ſe raccro-
cher qu'à ſe vêtir. Fringante, dont on brave
l'autorité, n'a que le moyen de ſéparer les
rebelles. Violette eſt bruſquement jettée dans
un cabinet & ſous clef, tandis que l'habil-

leuſe, pour mater un boute-joie mutin qui
ne veut pas ſe laiſſer empriſonner dans le
caleçon, va lui faire courir ſur elle-même
une vigoureuſe poſte. — O Belamour ! que
cette indocilité vous fait honneur ! avec
d'auſſi brillantes diſpoſitions, quel haut degré de gloire ne devez-vous pas atteindre
dans votre carriere fortunée !

Ce n'eſt plus en *Camillons*, mais en *enfans*
de bon lieu, que le joli couple reparaîtra pour
dîner en famille. Pendant qu'il était occu-
pé comme on l'a vu, la Mere avait la péni-
ble franchiſe de confier à Limefort les dé-
tails du tems qui ſépara l'époque du couvent incendié, de celle des couches, enfin
ſuivies d'un départ pour un autre hémiſ-
phere. — Voici ſon aveu :

L'Ex-None, errante au ſortir de la garni-
ſon d'où elle avait diſparu, ſe joignit par
circonſtance à de mauvais comédiens ambu-
lans & s'aida pendant ſix mois de toutes
les reſſources que comporte la profeſſion
d'hiſtrionne. Alors, ce n'étaient pas les heures ſacrifiées au Public-écoutant qui rappor-
taient le plus à l'inhabile actrice. Mal payée,
quelquefois ſifflée dans la ſalle, c'était dans
ſon taudis qu'elle recueillait des éloges flat-
teurs, & faiſait de paſſables recettes. Hélas
avant d'avoir ſongé à faire quelque épargne,
elle ſe vit à ce dégré d'embonpoint avec

lequel on ne peut plus repréfenter fur la
fcene une Agnès, une vierge, fans caufer un
fou-rire aux fpectateurs. Il fallut donc fe fé-
queftrer & renoncer aux appointemens par
mois, qu'un pauvre-diable de directeur ne
pouvait conferver à fa penfionnaire inutile.
Elle fe traîna furtivement jufqu'à Paris, où
fon genre de peindre n'était pas de nature
à lui procurer le *pain quotidien.* Elle fe vit
donc réduite à vivre du travail d'une main
légere & douce qui, la nuit, fous l'épais
feuillage de certaines allées, diftribuait des
plaifirs imparfaits, mais fans danger, pis-aller clandeftin des avares, des honteux & des
pufillanimes. A travers l'infinité de connaiffances qu'on ébauche à ce métier, un Marin
très fubalterne, bifarre dans fes goûts & fa-
milier avec les antipodes, avait pris la Beauté nocturne en affection, pour des bontés par-
ticulieres qu'il avait fu la perfuader d'avoir
pour lui. Par quelle route, grand Dieu, la
Fortune devait-elle arriver enfin à notre
actuelle Héroïne! Mais attendons: le moment heureux n'eft pas encore venu.—M. Rudolph était une pratique: cependant, fans
en avertir, il fit une abfence, fi fort à con-
tre-tems, que fa malheureufe amie, au moment des couches, manqua de tout & fail-
lit périr de mifere. Son épuifement, qui ne
lui permettait pas de nourrir, la força de fai-

re expofer fa malheureufe progéniture : on
fait comme cela lui réuffit. Le ciel enfin eut
pitié de Lucette. L'amoureux Pilotin était
de retour de Breft, où l'on avait liquidé fon
article dans certains comptes de *part au pro-
duit des prifes*. Il cherchait fa complaifan-
te amie : elle fe traînait, faible encore, vers
leur rendez vous accoutumé. Les voilà réunis, tous deux plus riches ; car fi le Marin avait
en caiffe dequoi commencer quelques fpécu-
lations de commerce, la raccrocheufe avait
recouvré de précieux moyens de renouer le
fien, qui n'exigeait ni grandes avances, ni
d'aller chercher fi loin *le bout du monde*. Rudolph, épris & remis dans le droit chemin,
propofa de s'embarquer : on y confentit.
Ces amans fe convenaient : tous deux avaient
de l'activité, de la conduite & du courage.
Le Sort les foutint dans les dangers & fit
réuffir toutes leurs entreprifes. Sans fonger
au mariage ils demeurerent inféparables, &
finirent par être fort riches. Après beaucoup
d'années de cette libre intimité, Rudolph allait s'éteindre. Allemand, tranfplanté dès
l'enfance, & parvenu de Mouffe, il ne connaiffait aucun parent. Il laiffa tous fes biens
à fa compagne, qui fe trouva, fans s'en douter, héritiere de près de huit cents mille
livres.

Pour ne plus revenir à ces gens-là (de

qui nous avons fans doute beaucoup trop longtems entretenu le Lecteur) difons que, trois mois après les reconnaiffances que nous avons racontées, Limefort & Lucette, (à caufe de leurs enfans qui leur donnaient les plus belles efpérances) fe marierent enfin : (*) bien en prit furtout au Marquis, vu la barbarie qu'on exerce maintenant contre cette pauvre Nobleffe françaife menacée de ne pas conferver un écu, ni un chou de fes biens; s'ils demeurent irrévocablement fous la dent enragée d'un peuple de brigands - affaffins, qui fe difent *fouverains*, *égaux* & *libres*.

(*) *Toutes vérités ne font pas bonnes à dire*, (va peut être objecter ici quelque Marquis, jettant le gant pour l'honneur de fes pairs.) A quoi bon, en révélant ce fot mariage avec une manipulatrice des Tuileries, dégrader un galant-homme pour qui vous nous aviez d'abord infpiré quelque eftime ? --- Pas un mot à vous repliquer, pointilleux Seigneur, pourvu que vous n'ayiez vous-même ni agioté, ni prêté fur gages, ni fait banqueroute, ou difféminé de faux billets, ou filé la carte, comme l'ont fait, de nos jours, tant d'illuftres, que nous ne nommerons point, plus titrés encore que l'honnête libertin dont la dérogeance vous courrouce.

Fin du feptième Numéro.

ERRATA

Du septieme Numéro.

Page   2 Lig. 3 comptes, *lisez* : contes.
—   15 — 3 *après le mot* devine : *deux points.*
—   14 — 2 & 3 introduisit, *lisez* : introduit.
—   32 — avant-dern. : *après* mignone : *2 points*
—   53 — 8 peut-être, est : *lisez* : peut être, &
—   58 — 5 de petits, *lisez* : certains.
—   72 — 3eme de la note : des : *lisez* : de
— idem — avant-derniere de la note : ou : *l.* on

www.ingramcontent.com/pod-product-compliance
Lightning Source LLC
LaVergne TN
LVHW050645090426
835512LV00007B/1041